起きてから寝るまで

英語で

「7つの習慣」

監修：フランクリン・コヴィー・ジャパン
英文作成・英文解説：春日聡子

目次 CONTENTS

[ウォーム
アップ]

Warm-up
パラダイムと原則
つぶやき表現／Dialogues／Quick Check　　**P.15**

[朝]

Chapter 1
主体的である
つぶやき表現／Dialogues／Quick Check　　**P.41**

[始業]

Chapter 2
終わりを思い描くことから始める
つぶやき表現／Dialogues／Quick Check　　**P.67**

[仕事]

Chapter 3
最優先事項を優先する
つぶやき表現／Dialogues／Quick Check　　**P.93**

はじめに	P.4	付属CDの使い方	P.12
人生を豊かにするための「7つの習慣」	P.6	特典ダウンロード音声のお知らせ	P.13
成長の連続体	P.8	主な登場人物	P.14
本書の構成と使い方	P.10	知っておきたい「7つの習慣」用語集	P.221

[交渉]

Chapter 4
Win-Winを考える
つぶやき表現／Dialogues／Quick Check　　　P.119

[人間関係]

Chapter 5
まず理解に徹し、そして理解される
つぶやき表現／Dialogues／Quick Check　　　P.145

[チームワーク]

Chapter 6
シナジーを創り出す
つぶやき表現／Dialogues／Quick Check　　　P.171

[夜・週末]

Chapter 7
刃を研ぐ
つぶやき表現／Dialogues／Quick Check　　　P.195

はじめに

●「起き寝る」シリーズに「７つの習慣」編が登場

　「一人で英語のスピーキング力をアップさせる」ことを目標に、朝起きてから夜寝るまでの日常生活の動作や心のつぶやきを、そのまま英語に変えて"ひとりごと"として練習する――これが「起きてから寝るまでシリーズ」の基本的なコンセプトです。

　本書は、「ビジネス書の名著をベースにした英語教材が欲しい」というビジネスパーソンの要望に応え、全世界で3000万部を超える大ベストセラーで、「人生のバイブル」として広く愛読されている『完訳　７つの習慣』(スティーブン・R・コヴィー著、キングベアー出版刊)に即して制作された英語学習教材です。

　ビジネスシーンにおいて、スピーキング力、とりわけ自分の考えをアウトプットするスキルは必要不可欠です。本書の大きな特長である「つぶやき」練習法で、ビジネスで役立つ「７つの習慣」の考え方を英語で身体にしみ込ませ、自分のものにしていきましょう。本書は、相手と信頼関係を築き、「７つの習慣」の考え方を実践する力と、英語力を同時に身に付けることができる、まさに一石二鳥の教材なのです。

●国際社会で生きる「７つの習慣」の考え方

　グローバル社会において、ビジネスを成功させるためには、言葉の壁を越えて信頼関係を築ける高いコミュニケーション力、そして異なる文化や考え方を受け入れながらも、自分の考えをしっかり伝える柔軟性と積極性が必要です。

Introduction

　「7つの習慣」は、普段私たちが仕事やプライベートで抱えるさまざまな悩みを解消するための考え方を教えてくれます。同時に、物の見方を変えることや、相手が変わるのを待つのではなく自分が変わるという考え方も教えてくれます。こうした柔軟性、積極性、ポジティブ・シンキングといった要素は、私たちが国際社会で活躍するために欠かせないスキルといえるでしょう。

　本書で実践的なフレーズを英語でしみ込ませることによって、グローバルな環境でも、「7つの習慣」で得たことを、すぐ生かせるようになります。

●人生が豊かになる法則とスピーキング力を同時に手に入れる

　本書は、私たちが抱えるさまざまな悩みや心のつぶやきをフレーズにし、「『7つの習慣』での考え方」と「実践例」のフレーズとともに紹介しています。

　「英語」も「習慣」も、日々の繰り返しが大切です。ぜひ本書のフレーズを繰り返しつぶやいて、「7つの習慣」のエッセンスを身に付けてください。一冊を終えるころには、英語でどんどん話せるようになるだけでなく、「7つの習慣」の考え方によって、あなたの人生はきっとより豊かになっていることでしょう。

2016年4月　株式会社アルク　英語出版編集部

人生を豊かにするための「7つの習慣」

About the 7 Habits

人生をより豊かにするために、次に挙げる「7つの習慣」を、日々忘れずに継続していきましょう。

1 主体的である

「7つの習慣」では、主体性とは、「率先して自分の行動を決めるだけでなく、自分の人生に責任を持つこと」だといいます。人生を主体的に生きるために、まずは普段自分が関心を向けていることは何かを見極めます。そして、自分がコントロールできることに意識を向け、自分ができることを少しずつ増やしていきます。

⟶ P. 41

4 Win-Win を考える

世の中は「勝ち負け」だけではありません。自分本位のやり方では、相手の信頼を損ない、長期的な信頼関係は得られません。相手の立場に立って考え、双方にとってベストな第3の案を模索するのが、Win-Winの解決策です。第4の習慣では、信頼関係に基づく本当のWin-Winの解決策を探し、お互いが幸せになる方法を考えます。

⟶ P. 119

5 まず理解に徹し、そして理解される

多くの人は、人の話を聞くより、まず自分の話を聞いてもらいたいと思っています。自分を理解してもらうためには、まず相手の話を聞き、相手を心から理解する努力をすることが大切です。相手の立場に立って話を聞くことはコミュニケーションの基本であり、他の「習慣」にも大いに影響します。

⟶ P. 145

2
終わりを思い描くことから始める

家を建てる前に設計図が必要なように、人生においても、自分の理想とする人生をまずイメージしてから、その理想に沿って行動する心がけが大切です。自分はどんな人生を送りたいのかがはっきりしていれば、起業、転職、結婚など人生において大きな決断をするときでも、自分の決断を信じることができます。

⟶ P. 67

3
最優先事項を優先する

目の前の仕事に追われて、本当にやりたいことを後回しにしてはいませんか。自分にとって大切なことは何かを思い起こし、大事なことに時間を使うことを心がけましょう。自分の時間を作るには、今までの時間の使い方を見直す、問題を事前に防いで対処の時間を減らす、人を育てて仕事を任せ自分の時間を作る、といった方法があります。

⟶ P. 93

6
シナジーを創り出す

相手と協力することで、お互い100％以上の力を出すのが「シナジー」です。そのためには、お互いの信頼関係が大切です。信頼関係が築ければ、より率直に本心を言える機会が増します。また、シナジーの本質は、違いを尊重することです。第6の習慣では、違いを尊重して信頼関係を築き、相手とシナジーを創り出すことを目指します。

⟶ P. 171

7
刃を研ぐ

第7の習慣は、他の6つの習慣をより効果的にするための習慣です。「7つの習慣」では、4つの側面(肉体、精神、知性、社会・情緒)をバランスよく伸ばすことが大切だといいます。精神・肉体・知性を磨くことは、第1〜3の習慣をより効果的に、社会・情緒的側面を磨くことは、第4〜6の習慣をさらに効果的にします。

⟶ P. 195

成長の連続体

「7つの習慣」を身に付けていくときに、いつも心にとどめておきたいのが、「7つの習慣」の順序と相互関係を表している、右ページの「成長の連続体」です。人は皆、100％誰かに依存した赤ん坊として生まれてきます。人は「依存」から始まり、成長することでだんだんと「自立」していきます。

さらに自分を磨き、成熟した人間になるためには、第1、第2、第3の習慣を実践し、真に自立した人間を目指していきます。真に自立すれば、周りに振り回されず、自分で自分の人生に責任を持ち、自分の思い描く人生に向かって効果的にセルフマネジメントができるようになります。これが7つの習慣でいうところの「私的成功」です。

しかし、自立は人間が成長する上での最終目標ではありません。7つの習慣では、私的成功を得たら、さらにその先、他者と信頼関係を築き協力し合える「相互依存」の状態を目指します。相互依存は、依存とは異なります。自立した人間が目指す、より高度な段階です。相互依存の段階に到達するには、第4、第5、第6の習慣を日々実践していくことが必要です。人間社会においては、人との関わりを避けて生きることはできません。相互依存でよりよい人間関係を築く力が磨かれて初めて、本当の意味での成長といえます。それが「公的成功」です。

それぞれの習慣は互いに影響しあっています。1つの習慣を伸ばせば、他の習慣にもよい影響を与えます。第1〜6までの習慣を日々実践するためには、第7の習慣で、自分自身の心身を鍛え、知性や社会性などを磨いていくことが大切です。第7の習慣を実践することで、他の習慣はさらに効果的になります。

成長の連続体

第7の習慣 刃を研ぐ

相互依存

第5の習慣
まず理解に徹し、そして理解される

第6の習慣
シナジーを創り出す

公的成功

第4の習慣
Win-Winを考える

自立

第3の習慣
最優先事項を優先する

私的成功

第1の習慣
主体的である

第2の習慣
終わりを思い描くことから始める

依存

本書の構成と使い方　How to Use This Book

- 本書は、一日の生活の流れの中で「7つの習慣」を実践できるよう、「朝」から「夜・週末」まで、8つの章に分けています。
- 本書に収録されているフレーズは、「7つの習慣」のエッセンスを、英語でつぶやき、体にしみ込ませるために作成されたものです。
- 各章は、「解説ページ」「つぶやき表現」「Dialogues（会話）」「Quick Check（クイズ）」に分かれています。
- まずは全体を通して読んでみましょう。それから、フレーズを繰り返し練習しましょう。Warm-upから順番に学習するのがおすすめです。

各章の構成と使い方

[解説ページ]　1章を3つのテーマに分けて解説しています。

※まずは、このテーマに関する解説を読んで、ポイントを押さえましょう。

※主人公（P.14参照）を軸にしたイラストが、理解を助けます。必要に応じて、図で詳しく説明しています。

「原則」を心にとどめて、人格を磨こう。

※解説のポイントを表しています。

[つぶやき表現]

- 表現の多くは I (私は〜する) の形で紹介されています。つぶやき練習の基本となるものです。
- つぶやき表現は、「心のつぶやき」「7つの習慣ではこう考える」「実践しよう」の3つで構成されています。

[心のつぶやき]
私たちが普段、心の中で考えたり、悩んだりしていることを、英語でどう表現できるかを紹介しています。

[7つの習慣ではこう考える]
「心のつぶやき」を受け止めるヒントになる「7つの習慣」の考え方を、つぶやき表現で表しています。

[実践しよう]
「7つの習慣」の考え方を実践するとこうなる、という一例を紹介しています。

※付属CDでは、本書のフレーズをすべて「日本語→英語」の順で録音しています。CDを聞きながら繰り返し声に出して練習しましょう。

※フレーズの和文と英文は、完全な直訳の関係ではありません。つぶやき表現として、英語でどう表現したらいいか、という観点で作成されています。

※表現の中には、そのまま会話に使えるものも数多く含まれています。一人でつぶやき練習した後、実際に会話の中で使ってみましょう。

[Tips]
フレーズの一部には、表現の理解を助ける解説が付いています。

[Dialogues]

各章に出てきた表現を使った、会話形式のストーリーです。実際の会話でどう使うのか参考にして、繰り返し自分でも言ってみましょう。

[Quick Check]

重要フレーズをちゃんと覚えられたか、各章の最後にクイズでチェックしましょう。

11

付属CDの使い方 How to Use the CD

■本文CDマークでトラック番号を確認

本書にはCDが1枚付いています。音声を聞くときは、各項目に掲載されているCDトラックの番号を呼び出してご利用ください。

■CDマーク

CD 01 各項目に付いているこのマークの数字が、付属CDのトラック番号に対応しています。

■**収録内容** つぶやき表現　■**収録分数** 68分　■**収録言語** 日本語と英語

■トラック表

つぶやき表現	ページ	トラック	つぶやき表現	ページ	トラック
Warm-up - 1	18-23	01	Chapter 4 - 1	122-127	13
Warm-up - 2	26-31	02	Chapter 4 - 2	130-135	14
Warm-up - 3	34-37	03	Chapter 4 - 3	138-141	15
Chapter 1 - 1	44-47	04	Chapter 5 - 1	148-153	16
Chapter 1 - 2	50-55	05	Chapter 5 - 2	156-161	17
Chapter 1 - 3	58-63	06	Chapter 5 - 3	164-167	18
Chapter 2 - 1	70-75	07	Chapter 6 - 1	174-179	19
Chapter 2 - 2	78-83	08	Chapter 6 - 2	182-185	20
Chapter 2 - 3	86-89	09	Chapter 6 - 3	188-191	21
Chapter 3 - 1	96-101	10	Chapter 7 - 1	198-203	22
Chapter 3 - 2	104-107	11	Chapter 7 - 2	206-209	23
Chapter 3 - 3	110-115	12	Chapter 7 - 3	212-217	24

※各章の後ろの数字は、見出しの番号を表しています。

※CD取り扱い注意
- 弊社制作の音声CDは、CDプレーヤーでの再生を保証する規格品です。
- パソコンでご使用になる場合、CD-ROMドライブとの相性により、ディスクを再生できない場合がございます。ご了承ください。
- パソコンでタイトル・トラック情報を開示させたい場合は、iTunesをご利用ください。iTunesでは、弊社がCDのタイトル・トラック情報を登録しているGracenote社のCDDB（データベース）からインターネットを介してタイトル・トラック情報を取得することができます。
- CDとして正常に音声が再生できるディスクからパソコンやMP3プレーヤー等への取り込み時にトラブルが生じた際は、まず、そのアプリケーション（ソフト）、プレーヤーの製作元へご相談ください。

特典ダウンロード音声のお知らせ

本書では、以下の音声をMP3形式でご提供いたします。音声は、以下のウェブサイトからダウンロードできます。本書と併せて、ぜひご活用ください。

■ 本書で提供する音声

- **「解説」音声（日本語）＋「フレーズ」音声（日本語、英語）＋「Dialogues」音声（英語）**

  各章内のテーマに沿った日本語の「解説」に続き、CDにも収録されている「フレーズ」（日本語、英語）、最後に「Dialogues」（英語）の音声が流れます。
  日本語で要点を押さえてからフレーズに入るので、7つの習慣のエッセンスが、よりしっかりしみ込むでしょう。
  なお、音声ファイルは、「Dialogues」部分のみ、本書内で表示しています。
  例：トラック01の場合　 DL MP3_01

  その他のトラック名については、ダウンロード音声ファイル内のPDFをご参照ください。

ここからダウンロード！

アルクダウンロードセンター

http://www.alc.co.jp/dl/

※PC専用のサイトです。
※なお、本サービスの内容は、予告なく変更する場合がございます。あらかじめご了承ください。

主な登場人物 main characters

[主人公]
田中太郎

日系メーカーに勤める営業担当。仕事や人生に漠然と迷いを感じる、社会人7年目。上司の小野部長に「7つの習慣」を勧められ、初めてその存在を知る。

[後輩社員]
アレックス・ウィルソン

アメリカ支社から長期出張に来た若手後輩社員。日本語は話せないものの、積極的にコミュニケーションをとり、日本になじんでいる。

[先輩社員]
伊藤亜矢

英語が堪能で、仕事をてきぱきこなす会社の先輩。いつも主人公を明るく励まし、困ったときには何かと手を貸してくれる。

[上司]
小野サトル

主人公の上司。仕事ができるうえに、気さくな人柄で人望も厚く、いつもさりげなく主人公の相談に乗ってくれる。

─ Warm-up ─
ウォームアップ

パラダイムと原則

さあ、新しい習慣の始まりです。
日常生活の中で「7つの習慣」を
英語でどんどんしみ込ませていきましょう。
その前にちょっと準備運動。
ここでは、「7つの習慣」を実践する前に、
念頭に置いておきたいことをご紹介します。

1

人格を磨いて人間力を高める

　多くの人が、自分の人生を有意義にして、幸せに生きたいと願っています。そのためには、周囲の人たちの理解と協力が必要です。けれども、その人間関係をおろそかにしている人は少なくありません。社交辞令ばかりの人や、人間関係を円滑にするテクニック本やマニュアルに頼りきりの人もいます。表面的な付き合いや一夜漬けのテクニックで、その場をしのぐことはできるかもしれません。けれども、うわべだけの関係は決して長続きしません。長期的な成功を得るためには、一歩踏み出して人と深い信頼関係を築くことが不可欠なのです。

　人からの信頼を得るには、まず、自分の人格を磨く必要があります（人格主義）。誠実な人や勇気のある人は時代や国に関係なく信頼されるように、人から信頼されるには、**「誠実さ」「謙虚さ」「正義感」といった普遍的な「原則」を大切にする**必要があります。また、自分の本心と向き合い、こうありたいと思う自分の価値観を持つことも大切です。

　そしてその自分の価値観を、普遍的な原則に近づける努力を日々していくのです。例えば、「自分さえよければ」「見て見ぬふりが一番」という考えでは、人からも頼られず、信頼も得られません。それを、「相手を思いやる」「周りに関心を持つ」といった、誰もが共感する原則に少しずつ近づけていきます。**原則を心にとどめて人格を磨くことが、人と信頼関係を築くための第一歩**といえます。

Warm-up パラダイムと原則

Point

「原則」を心にとどめて、人格を磨こう。

1. 人脈作りって苦手。ついビジネスのハウツー本に頼ってしまう。

I'm not very good at networking. I tend to follow tips from business how-to books.

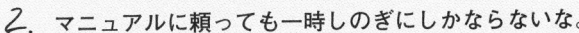

2. マニュアルに頼っても一時しのぎにしかならないな。

Following manuals can only be a temporary fix.

3. いい人間関係を築くには、日頃の積み重ねしかない。

A good relationship can only be built through day-to-day effort.

4. 一夜漬けは卒業しよう。

No more overnight cramming.

TIPS
❶「人脈作り」はnetworkingと言う。動詞形はnetwork(人脈作りをする)。tend to ~ は「~しがちである」という意味。
❷temporary fixは「一時しのぎ」という表現。
❸relationshipは「人間関係、人との関わり」。「毎日の、日常的な」はこのday-to-day以外に、dailyとも言う。

Warm-up パラダイムと原則

実践しよう

5. やっぱりハウツー本を読むのではなくて、実践することが大事だな。

It's what you actually do that counts, not what you read in how-to books.

6. 社内のいろいろな人と話してみようかな。

I'll start talking to different people in the office.

7. 会話のコツがつかめてきたぞ。

I'm getting the hang of starting a conversation.

TIPS
❹ no more ~ は「二度と~はしない」という言い方。cram は「詰め込みの勉強をする」。overnight cramming で「一夜漬け」という表現になる。
❺ count は「重要である、価値がある」という動詞。
❻ in the office で「社内」という意味。
❼ get the hang of ~ は「~のコツをつかむ」という表現。

8. 仕事でミスした。バレてないからいいか…。

I made a mistake at work. No one knows about it, so I could probably let it slide ...

9. 人から信頼されるには、自分の人格を磨かなきゃ。

I need to work on my character if I want to earn the trust of others.

10. 自分を偽る人は、人から信頼されない。

Those who deceive themselves will never be trusted by others.

11. 自分の気持ちに正直でいよう。

I'll follow my heart.

TIPS
- ❽ let ~ slide で「~を放っておく、~を成り行きに任せる」という言い方。
- ❾ work on ~は「~の改善に取り組む」。character は「人格」。earn the trust of ~で「~の信頼を得る」という表現になる。
- ❿ deceive は「(人)を欺く」。
- ⓫ follow one's heart は「心の命じるままに従う、自分の心に従う」という定番表現。

12. 仕事のミス、責任のがれしちゃったけど、正直に話そう。

I avoided taking responsibility for my mistake, but I will come clean.

13. （同僚に）実は、ミスしたのは自分なんだ。本当にごめんなさい。

It was I who made the mistake. I'm really sorry.

14. （同僚に）あのとき、助けてくれてありがとう。借りができたよ。

Thank you for helping me out. I owe you one.

TIPS

⓬ take responsibility は「責任を負う」という意味。come clean で「白状する、打ち明ける」という言い方。

⓭ It is ~ who ... は～に入る人称代名詞を強調する構文。

⓮ I owe you one. は直訳すると「一つ借りができた」という意味で、「ありがとう」「助かりました」と言いたい時に便利な表現。目上の人に言うことは、ほぼない。

15. 部下のやる気がない。
モチベーションアップのセミナーを受けさせようかな。

Some of my team are lacking in motivation. I should enroll them in a motivational seminar.

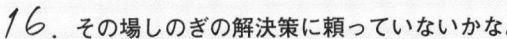

7つの習慣ではこう考える

16. その場しのぎの解決策に頼っていないかな。

Am I resorting to an ad hoc solution?

17. 自分の言動は適切だったかな。

Were my words and deeds appropriate?

18. 長期的な解決方法を探してみよう。

I should look for a long-term solution.

TIPS
- ⓯lack in ~ で「~がない、~に欠ける」。
- ⓰resort to ＋名詞は、「(好ましくない手段に)訴える、頼る」という表現。ad hoc は「その場限りの」という意味。
- ⓱「言動」は words and deeds と言う。appropriate は「適切な、ふさわしい」という意味の形容詞。

実践しよう

19. まずはお互いの信頼関係を築こう。

First, we should build mutual trust.

20. (部下に)君の言い分を聞かせてもらえないかな。

I'd like to hear your side of the story.

21. (部下に)最近、集中できていないようだね。何かあったのかな?

You seem a little distracted lately. Is anything the matter?

TIPS
- ⑱ long-term で「長期的な」という意味。
- ⑲ mutual は「お互いの」。mutual trust で「相互の信頼」。
- ⑳ I'd は I would の短縮形。one's side of the story は「(人)の言い分」という意味。
- ㉑ distracted は「気もそぞろ、心ここにあらず」。Is anything the matter? は「何かありましたか、どうかしましたか」と問いかける表現。

2

まず、自分が変わる

　日々、生活をする中で、他人との価値観の違いに遭遇することはよくあります。上司や同僚の考え方が自分と違ったり、また海外と仕事をするときに、文化的背景による考え方の違いに戸惑ったりすることもあるでしょう。自分と違う考えをなかなか受け入れられないことが多いようであれば、自分が偏った見方をしていないか、見直す必要があります。

　「7つの習慣」では、物の見方を「パラダイム」と呼びます。自分のパラダイムが偏ったものでないか客観的に見つめ直し、相手のパラダイムから物事を見てみます。そうすることで、広い視野で物事を見ることができ、よりよい結果に結びつけることが可能になります（パラダイムシフト）。

　また、相手の考え方や価値観を変えようとするのではなく、まず自分が変わっていく「インサイド・アウト（内から外へ）」の考え方を心にとどめることが大切です。相手を変えるのは容易ではありませんが、自分の行動や考え方を変えるのは、すぐにでもできるからです。自分が変わることで、自分の相手への接し方が変わり、それがひいては両者の関係をよりよいものにしていくのです。

　「パラダイムシフト」と「インサイド・アウト」の考え方は、「7つの習慣」を実践していく中で、絶えず心にとどめておきましょう。

Point

「インサイド・アウト」の
アプローチをしよう。

1. 今日、海外から同僚がうちの部署にやってくる。なんか気を使いそうだなあ。

A colleague from abroad is coming over to our department today. It is slightly daunting.

2. さまざま価値観に触れることで、視野が広がる。

Being exposed to different values will broaden my mind.

3. まずは相手の価値観を尊重することだ。

The first step is to respect the values of others.

4. 自分の見方を変えてみよう。

Try to change my way of thinking.

TIPS

❶ slightly は「少し、若干」。daunting は「圧倒されるような」という意味。
❷ (be) exposed to ~ は「~に触れる」。broaden one's mind で「視野を広げる」という言い方。
❸ respect は「尊重する、敬意を表する」。

5. もっとはっきり自分の考えを伝えたほうがいいのかな。

Perhaps I should express myself in a more straightforward manner.

6. 率直に意見を言い合ったら、話が進んだなあ。

A frank exchange of ideas has moved the discussion forward.

7. (出張者に)今日は君のおかげでずいぶん話が進んだよ。今夜、一杯どう?

Thanks to your input, we made great progress today. How about having a drink tonight?

TIPS

❺ straightforwardは「率直な、複雑でない」という意味。mannerは「方法」。
❻ exchange of ideasは「意見交換」。move ~ forwardで「~を前進させる」。
❼ thanks to ~で「~のおかげで」と言うことができる。have a drinkは「一杯やる」という意味。

8. 上司は簡単な仕事って言ってたけど、全然簡単じゃないよ。

My boss told me it was an easy task, but there's nothing easy about it.

9. 同じことでも、人によって違った考え方をするんだなあ。

Each person sees things differently.

10. 人は自分の経験を物差しにして話をしがちだ。

People tend to talk in accordance with their own experiences.

11. 人は皆、自分の視点を持っていることを忘れないようにしよう。

I'll keep in mind the fact that people have their own perspectives.

TIPS
- ❽ task は「任務、課題、仕事」。
- ❾ see には「考える、みなす」という意味もあり、see things differently で「違った考え方をする」という意味になる。
- ❿ in accordance with ~ は「~に従って」という表現。
- ⓫ keep in mind は「留意する、肝に銘じる」。perspective は「視点」。

12. 上司はこの分野、経験豊富だからなあ。

My boss is experienced in this field.

13. どうして上司はこの仕事は簡単だと言ったんだろう。

I wonder why my boss said this job was easy.

14. 自分だったら上司と違うアプローチをするかも。

I might take a different approach from my boss.

TIPS

⓬ (be) experienced in ~ で「~の経験がある、~に熟練している」という言い方。
⓭ wonder は「~を知りたいと思う、~かどうかと思う」という動詞。I wonder why ~ は「なぜ~なのだろう」と問いかける表現。
⓮ might は「~かもしれない」と推量を表す助動詞。take a different approach from ~ は「~とは異なる手法を取る」という表現。

15. あーあ、この会社じゃ出世は無理だよなあ。

Oh, boy. I have no chance of getting ahead in this company.

> 7つの習慣ではこう考える

16. 思い通りにいかないことを周りのせいにしていないかな。

Am I blaming others for things that aren't working out in my life?

17. 「インサイド・アウト」のアプローチで考えてみよう。

I'll take the "inside-out" approach.

18. まずは、どんな小さな仕事でも責任を持ち、信頼を得よう。

I'll take full responsibility for the smallest of jobs, and work to earn the trust of others.

TIPS

⓯ Oh, boy. は「何てことだ、あ〜あ」という表現。get ahead は「出世する」。
⓰ blame は「〜のせいにする、責任を〜に負わせる」。
⓱ inside-out は「内から外へ」という意味で、inside-out approach は、「7つの習慣」の考え方のひとつ (p.24参照)。
⓲ the smallest of jobs では、最上級の smallest に even (〜さえも) という譲歩の意

Warm-up パラダイムと原則　CD 02

実践しよう

19. いつも協力的でいたら、チャンスが回ってくるかも。

If I'm always cooperative, one day a chance may come.

20. お互いに信頼できると、仕事がどんどん面白くなる。

Work becomes much more enjoyable when everyone trusts each other.

21. 自分の裁量で回せる仕事が増えてきたぞ。

The number of jobs that I can conduct at my own discretion has increased.

TIPS

味が含まれていて、「どんな小さな仕事でも」という意味になる。
⓳ cooperative は「協力的な」。「チャンス」は他に、opportunity（機会）という言い方もある。例) I will wait for an opportunity.（チャンスを伺っていよう）
㉑ conduct は「（業務などを）行う」。discretion は「（自由）裁量、行動の自由」。

3

成果を出すための能力を育てる

　運動でも勉強でも、1日ではその成果は上がりません。習慣として日々継続してこそ、はじめて効果が上がっていきます。それは「7つの習慣」も同じです。毎日触れ、実践することで、その効果をいかんなく発揮します。

　「7つの習慣」は、運動に例えるなら、健康（＝成果）を手に入れるための体づくりです。サプリや薬を飲めば、一時的に健康は手に入るでしょう。けれども、筋肉をつけたり免疫力をつけたり、体そのものを改善しなければ、健康維持は望めません。長期的な成果（＝健康維持）のためには、成果を生み出す能力(＝体)そのものを高める必要があるのです。

　この「成果」(Production)と「成果を生み出す能力」(Production Capability)の関係を、頭文字をとってP／PCバランスを呼びます。このPとPCは、バランスが取れていることが理想です。

　成果を持続させるためにはPCを高めていくことが大切です。「7つの習慣」は、このPCを伸ばすための習慣ともいえます。よりよい成果をあげるために、PC（成果を生み出す能力）を伸ばしていくことを、日々意識しましょう。

Warm-up パラダイムと原則

Point

「7つの習慣」は、
日々継続してこそ効果がある。

1. 最近、売り上げの話ばかりで、チームが殺伐としている。

We only talk about sales figures nowadays, and it is putting a strain on the atmosphere of the team.

7つの習慣ではこう考える

2. 目先の結果ばかりを見ていてもいいことはないな。

Focusing only on short-term results is never a good thing.

3. P/PCバランスはとれているだろうか。

Are we striking the right Production/Production Capability balance?

4. 長期的な成果に目を向けよう。

We should focus on the long-term results.

TIPS

❶sales figures は「売り上げ」。nowadays は「最近は」。put a strain on ~ で「~に緊張をもたらす、~に負担をかける」という表現。atmosphere は「空気、雰囲気、様子」という意味。
❷focus on ~ は「~に集中する」。
❸strike a balance は「うまく両立させる、バランスを取る」。Production/Production

5. (チームに)お互いのノウハウを共有しませんか。

Why don't we share our knowledge?

6. (チームに)得意な分野を分担する形にしてみませんか。

How about each of us taking on the task that we are strongest at?

7. チームの雰囲気がよくなってきたぞ。

The atmosphere of the team is getting better.

TIPS

Capabilityは、「7つの習慣」の考え方のひとつ(p.32参照)。
❺ Why don't we ~?は「〜しませんか、〜しましょう」と提案をする表現。
❻ How about ~?は「〜はどうですか」という慣用表現。

8. 今月の売り上げを上げるために、セールをしなきゃ。

We'll have to have a sale to boost this month's figures.

> 7つの習慣ではこう考える

9. それで得られるのは、一時的な増益に過ぎないのかもしれない。

A temporary profit increase might be all we achieve from this.

10. 継続的に売り上げを増やしていくには、抜本的な見直しが必要だ。

We need to fix the roots to change the fruits — a continuous increase in sales.

11. 商品そのものの価値を上げる対策を考えなくては。

We have to think of a way to increase the value of the product itself.

TIPS
- ❽ boost は「〜を促進する、〜を増加させる」。
- ❾ profit increase で「増益」。achieve は「得る、達成する」という意味。
- ⓫「対策」は way 以外に、provisions や measures などと言うこともできる。

Warm-up パラダイムと原則

実践しよう

12. (チームに)この商品の特長を、いろんな角度から洗い出してみてはどうだろう。

We could start by analyzing the features of this product from every angle possible.

13. (チームに)新しい販路と効果的なPRの方法を考えてみるのはどうかな。

Why don't we work out a new distribution route and a more effective promotion method?

14. (チームに)サービス体制を見直してみよう。

Let's review our services.

TIPS
⓬ analyze は「分析する」という動詞。feature は、ここでは「特長」。
⓭ work out ~ は「~を考え出す」という表現。distribution route は「販路」。

Warm-up パラダイムと原則

❶ 視野を広げるチャンス

DL MP3_07

Ito: **Today is the day a colleague from abroad is coming over to our department, isn't it?**

Tanaka: **Yes, it is. I was told to help him out until he ❶settles in.**

Ito: **You don't sound too excited.**

Tanaka: **To be honest, it is slightly daunting. I'm just not very good at meeting new people.**

Ito: **Why don't you see it as the perfect ❷opportunity to broaden your mind? You may surprise yourself if you change your way of thinking.**

Tanaka: **You're right. I'll do my best.**

伊藤：海外からの同僚がうちの部署に来るの、今日だよね。
田中：そうなんです。職場に慣れるまで、助けるように言われていて。
伊藤：あまりうれしそうじゃないけど。
田中：本当のところ、少し気が重くて。初めての人と話すのがあんまり得意じゃないものですから。
伊藤：視野を広げる絶好のチャンスと捉えればいいんじゃない。自分の見方を変えたら、思ってもみない展開になるかもしれないよ。
田中：そうですね。やるだけやってみます。

【語注】
❶settle in （環境に）なじむ、慣れる
❷opportunity 機会

❷ 信頼を得る方法

Ono: **You seem a little distracted. Is anything the matter?**

Tanaka: **Um, about the ❶mix-up with the ❷sales forecast this morning, well, it was I who made the mistake. I just found out that I had entered the wrong data into the computer.**

Ono: **I'm glad you came clean. It will save us time in correcting the mistake.**

Tanaka: **I am truly sorry. I was careless.**

Ono: **From now on, I hope you will be ❸diligent in even the smallest of jobs. That's how you earn the trust of others.**

Tanaka: **I will be sure to remember that.**

小野：心ここにあらず、という感じだね。どうかしたの？
田中：その、今朝の売り上げ予測に関する混乱のことなのですが、間違えたのは私でした。コンピューターに誤ったデータを入力してしまっていたことが、今わかったのです。
小野：正直に言ってくれてよかったよ。修正に要する時間が短くて済むから。
田中：申し訳ありません。注意が足りませんでした。
小野：これからは、どんな小さな仕事でも、丁寧に行ってもらえるといいね。そうすることで、人から信頼を得ることができるから。
田中：よく覚えておきます。

【語注】
❶ mix-up　混乱、ミス
❷ sales forecast　売り上げ予測、販売予測
❸ diligent　勤勉な、精を出す

Quick Check

本章に出てきたフレーズを復習しましょう。以下の日本語の意味になるよう英文を完成させてください。答えはページの下にあります。

❶ 一夜漬けは卒業しよう。 ➡P.018

No more overnight (　　　).

❷ あのとき助けてくれてありがとう。借りができたよ。 ➡P.021

Thank you for helping me out. I (　　　)(　　　) one.

❸ 長期的な解決方法を探してみよう。 ➡P.022

I should look (　　　) a (　　　) solution.

❹ もっとはっきり自分の考えを伝えたほうがいいのかな。 ➡P.027

Perhaps I should (　　　) myself in a more (　　　) manner.

❺ 人は自分の経験を物差しにして話をしがちだ。 ➡P.028

People (　　　) to talk in accordance (　　　) their own experiences.

❻ 思い通りにいかないことを周りのせいにしていないかな。 ➡P.030

Am I blaming others for things that aren't (　　　) (　　　) in my life?

❼ 最近、売り上げの話ばかりで、チームが殺伐としている。 ➡P.034

We only talk about sales figures nowadays, and it is (　　　) a (　　　) on the atmosphere of the team.

---

❶ cramming　❷ owe/you　❸ for/long-term　❹ express/straightforward　❺ tend/with
❻ working/out　❼ putting/strain

Chapter 1

朝 In the Morning

主体的である

朝は、昨日までの自分をリセットするいい時間。
第1の習慣「主体的である」は、
他の6つの習慣の土台であり、
一日の始まりにいつも思い出したい習慣です。
今までの自分の行動を見直して、
自分に変化をもたらす第一歩を踏み出しましょう。

1

環境のせいにしない

　人はよく、「悪いのは周りのせい」といった言い方をしがちです。「頑固なのは父譲りだから」と自分の性格を家系のせいにする人もいれば、うまくいかないことを「こういう時代だから」と社会のせいにしたりする人もいます。何でも周りのせいにしていれば、うまくいかないときには「周りがそうだから」と責任転嫁をすることができます。けれども、周囲の影響に縛られずに主体的に行動すると、自分の行動に責任が生まれます。「7つの習慣」では、「主体性」は、率先して行動するだけでなく、「自分の人生に責任を持つこと」だといいます。

　主体的であれば、言葉の受け止め方も変わってきます。例えば、5分後に始まる会議の資料を仕上げているときに、同僚が「あと5分しかないから間に合わないよ」と言ったとします。環境に流されている人であれば、「5分では間に合わない」とあきらめてしまうかもしれません。けれども主体的な人であれば、「5分でできることは何だろうか」と自分で行動を決め、最後まで頑張ることもできるのです。仮に間に合わなかったとしても、その責任を引き受け、「今度は早目に準備しよう」と、次につなげることができます。それを見たその同僚も、自分も早目に資料を準備しようと思うかもしれません。

　環境に流されるのではなく、自分から状況を変えていくことが、自分自身の可能性を広げ、周囲によい影響をもたらすのです。

Chapter 1 主体的である

> ふわぁ〜、朝イチで
> テレビ会議か…。

> 英語ができる人はいいよな。
> 話に入れない…。

> いや、やれることをやろう。

> あ、テレビ会議のセッティングは
> 任せてください。

Point

主体的に行動することが、
自分の可能性を広げる。

1. 周りはみんな仕事ができる人ばかり。自分の仕事に自信が持てない。

Everyone around me is so competent. I don't feel confident enough about my job.

7つの習慣ではこう考える

2. 周囲の環境に惑わされてはいけないな。

I cannot let this environment act upon me.

3. 自分自身を客観的に見つめてみよう。

I'll try to take a good look at myself objectively.

4. 自分はどうしたいんだろう。

What is it that I want to do?

TIPS

❶ competent は「有能な、仕事ができる」という意味。confident は「自信のある」。
❷ environment は「環境」。act upon ~ で「~に作用する」という意味。
❸ take a look at myself は「自分自身を見つめる」という言い方。objectively は「客観的に」という副詞。

Chapter 1 主体的である

実践しよう

5. 周りが仕事ができるからといって、自分が役に立たないとは限らないよな。

Just because the people around me are brilliant, doesn't mean that I am useless.

6. もしかしたら自分に厳しすぎるのかもしれない。

Maybe I'm too harsh on myself.

7. 小さなことでも自分を褒めるようにしよう。

I'll praise myself for the slightest achievements.

TIPS
❺Just because ~, does not mean ... は「~だからといって、…というわけではない」という表現。brilliantは「才気あふれる、優秀な」。
❻harshは「厳しい、辛辣な」という形容詞。
❼praiseは「~を褒める、称賛する」。

8. 今の部署じゃ、自分の力が発揮できないんだよね。

I can't utilize my full potential in this department.

> 7つの習慣ではこう考える

9. 職場の環境のせいにせずに、主体的であるべきだよな。

I should be proactive instead of blaming the office environment.

10. 何事も率先して行動しないと始まらない。

If I want things to happen, I must take the initiative.

11. 自分でチャンスをつかみに行こう。

I'll go and seize the opportunity.

TIPS

❽ full potential は「全潜在能力」という意味。この力を「発揮する」という動詞は、utilize（利用する、活用する）以外に、reach（達する）やrealize（実現する）なども使うことができる。
❾ proactive は「主体的な、積極的な」という意味。
❿ take the initiative は「率先してやる、自ら乗り出す」という言い方。

Chapter 1 主体的である

> 実践しよう

12. (チームに)今の業務をもっとスムーズに行うには、どうしたらいいでしょうか？

How can we make things run more smoothly?

13. (チームに)問題点を一つひとつ洗い出してみませんか？

Why don't we clarify the problems one by one?

14. (チームに)今度の部内会議で議題にあげてみます。

I'll raise this matter at the next department meeting.

TIPS
⓫ seize an opportunity は「チャンスを捉える」という表現。seize は「(〜を)つかむ、手に入れる」。
⓭ clarify は「〜を明確にする、はっきりさせる」という意味。

2

主体的な言葉を使う

　率先して行動する「主体的」な人になるにはどうすればいいでしょう。何もせずに、ただ誰かが手を貸してくれるのを待ったりしていては、主体的とはいえません。問題点を見つけたら、自分で解決法を調べて、周囲に提案します。それには、どんどん行動に移して、試行錯誤することが大切です。「主体的である」ことは、残り6つの習慣の土台にもなる、大事な習慣といえます。

　主体的であるために、日ごろの口ぐせを見直してみましょう。「だって」「でも」と何かをする前に否定していませんか。「無理」「やっても無駄」と最初からあきらめてはいませんか。これでは、相手の言葉に反応しているだけで、何もしていないのと同じことです。

　「〜しなくては」が多い人は、やらされている気持ちの表れであり、自らその行動を選択しているという自覚はありません。何かを「する、しない」は自分の選択であることをまず自覚する必要があります。

　否定的な言葉は、「私はこうしよう」「私は○○を選ぼう」と、主体的な言葉に置き換えて、自分の意思で選択している意識を持ちましょう。受け身な人が周りの環境に影響を受けるのとは反対に、主体的な言葉を使う人は、周りに良い影響を与えることができるようにもなるのです。

Chapter 1 主体的である

やっぱりあのお客さんからの
受注、無理でしたね。

やっぱりってことは、最初から
あきらめてたってことだよ。

た、たしかに…。

Point

否定的な言葉は、
主体的な言葉に置き換えよう。

1. すぐ言い訳をしてしまう。

I tend to make excuses.

7つの習慣ではこう考える

2. やってもみないうちに、できないと言うのはやめよう。

I'll stop saying I can't do something without even trying.

3. 主体的な言葉を使うようにしよう。

I'll use proactive language.

4. 自分の行動に責任を持とう。

I'll take responsibility for my own actions.

TIPS
❶「言い訳をする」は make an excuse。
❷ without even ~ing で、「～することさえせずに」。without even trying はここでは「挑戦することさえせずに、やってみる前に」という意味だが、「いつの間にか、無意識のうちに」という意味でも使われる。例) "How to Succeed in Business Without Even Trying"（いつの間にかビジネスで成功する秘訣）

Chapter 1 主体的である

実践しよう

5. また「でも」って言っちゃった。

I said "but" again.

6.「でも」を「そうだね」に変えてみよう。

Why don't I say, "I see," instead of "but"?

7. 言葉が、少しずつポジティブになってきたぞ。

My language is becoming more positive, little by little.

TIPS

❸ proactive language で、「前向きな言葉、主体的な言い回し」といった意味。
❹ take responsibility for ~ は「~の責任を取る」。one's own action は「自分の行動、自らの行為」という意味。
❻ I see. は「なるほど、わかりました」という言い方。
❼ positive は「肯定的な、前向きな、建設的な」という意味。

8. 見込み客へのプレゼン、自信ないなあ。

I don't feel confident about my presentation to this potential client.

> 7つの習慣ではこう考える

9. ネガティブな言葉で自己暗示をかけないようにしよう。

I'll stop conditioning myself with negative language.

10. できると信じよう。

I'll believe that I can do it.

11. 自信がある自分を思い浮かべよう。

I'll picture myself being confident.

TIPS
❽potentialは「潜在的な、見込みがある」。potential clientで「潜在的顧客、見込み客」という意味。「取引先、顧客」はclient以外にもcustomerという言葉がある。customerは店や会社を訪れ、物やサービスを購入する人全般を指す。一方clientは、医療や弁護など、より専門的な職業の顧客について使われる。
❾conditionは「〜を条件付ける」。negativeはpositive(p.51 ❼参照)の反義語で、「否

Chapter 1 主体的である

実践しよう

12. 完璧じゃなくてもいい。

It doesn't have to be perfect.

13. 誰かに質問されたら、詳しく説明しよう。

If anyone has any questions, I'll explain in detail.

14. ひととおり練習したし、きっと大丈夫だ。

I've prepared well. I'll be fine.

TIPS

定的な、後ろ向きの」という意味。
- ⓫この文のpictureは「〜を頭の中に描く、目に浮かべる」という動詞。
- ⓭in detailで「詳しく」という意味。
- ⓮prepareは「準備する」。fineは「満足のいく、申し分のない」という意味で、I'll be fine.で「うまくいく、きっと大丈夫だ」という表現になる。

15. やることが山積みで、ストレスがたまる。

I have so many things to do, and it's stressing me out.

> 7つの習慣ではこう考える

16. 「やらされている」という気持ちを捨てよう。

I'll get rid of the feeling that I'm being forced to do these things.

17. やるかやらないかは自分次第なんだし。

Whether or not I do it is up to me.

18. 選択肢は自分にあるという意識を持たなきゃな。

I should be aware that I have the choice.

TIPS
- ⓯ stress ~ out は「~にストレスを与える」という言い方。
- ⓰ get rid of ~ は「~を取り除く、頭の中から追い出す」。force ~ to ... は「~に…するよう強要する、~に…させる」。
- ⓱ whether or not ~ は「~かどうか」という言い方。up to ~ は「~次第で」。
- ⓲ (be) aware that ~ は「~に気付いている、~を意識する」。have a choice で「選択

Chapter 1 主体的である

実践しよう

19. 全部が全部、自分でやらなくてもいいのかな。

I don't have to do everything by myself.

20. 自分が全部見ないといけない気がするから、やりすぎちゃうのかも。

Maybe I take on too much because I feel that I must oversee everything.

21. まずはやりやすいと思えるものから手をつけるか。

I'll start by taking care of things that I feel comfortable doing.

TIPS
権がある」という言い方。
⑲ by oneself は「自分だけで、一人で」。
⑳ take on で「(仕事・責任などを)引き受ける」という意味。oversee は「(人・仕事などを)監督する」という動詞。
㉑ take care of ~ は「~を処理する、~に対処する」。

3

コントロールできることに意識を向ける

　普段あなたは、どんなことに対してイライラしたり、気にしたりすることが多いでしょうか。社会情勢や経済状況といった大きなことから、通勤や仕事、子育てや夫婦仲、健康や家計といった日々のことまで、さまざまなことに思いを巡らす場面は少なくないでしょう。

　「7つの習慣」では、日ごろ自分が意識を向けているそうしたできごとを「関心の輪」で表します（右図）。そしてその関心の輪の中で、自分でコントロールできるものを「影響の輪」と呼びます。あなたの関心の輪の中で、自分でコントロールできるものは、どれだけあるでしょうか。

　周りに流されている受け身の人は、交通渋滞や他人の性格など、自分がコントロールできない影響の輪の外のことに時間を費やします。その結果として、周囲から影響を受け続けます。

　主体的な人は、影響の輪に入るものに意識を向けることに注力します。自分でできることを考え、実行します。そうするうちに、影響の輪がどんどん大きくなり、やがて他者にもいい影響を与えるようになるのです。自分の力ではどうすることもできないことは、できるだけ穏やかな気持ちで受け止めます。そして自分がコントロールできることに目を向け、どうコントロールするかを考えるのです。

Chapter 1 **主体的である**

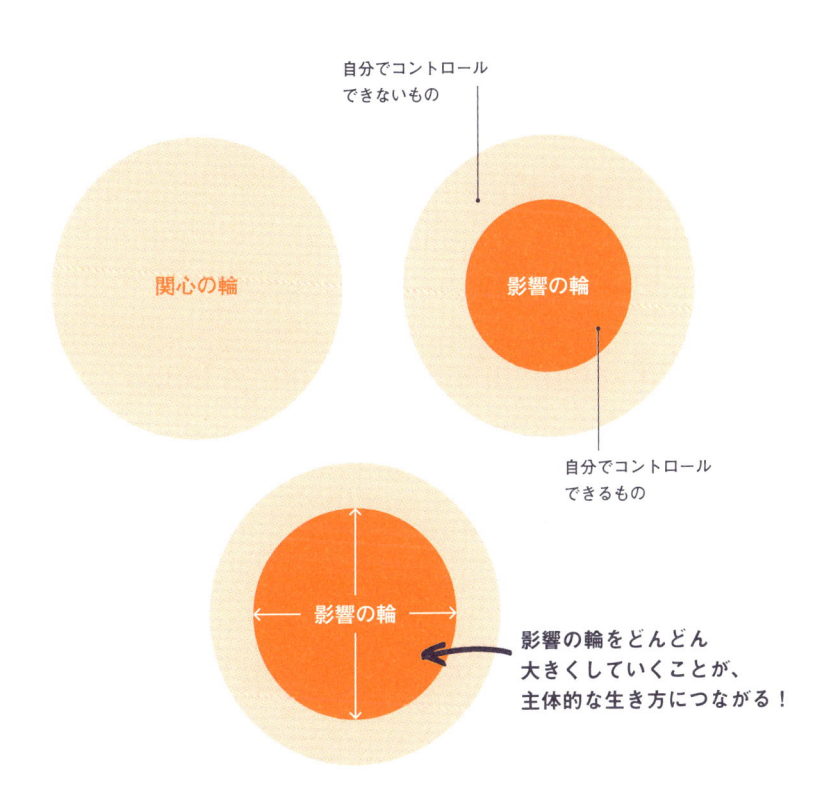

自分でコントロール
できないもの

関心の輪

影響の輪

自分でコントロール
できるもの

影響の輪

影響の輪をどんどん
大きくしていくことが、
主体的な生き方につながる！

Point

影響の輪を広げることに力を注ごう。

1. また朝から雨。このところ雨ばかりでイライラするなあ。

Another wet morning. All this rain is starting to get to me.

> 7つの習慣ではこう考える

2. 自分の力ではどうにもならないことばかり考えても、仕方ないな。

It's no use thinking about things I have no control over.

3. 自分がコントロールできないことを気にするのはやめよう。

I'll stop worrying about things that I can't control.

4. 自分ができることに意識を向けよう。

I'll direct my attention to what I can do.

TIPS

❶このwetは「雨の、雨模様の」という意味。get to ~ で「(人)をイライラさせる」。
❷have control overは「支配する、コントロールする」という意味で、have no control overで「全くコントロールできない、自分の力ではどうにもならない」と言うことができる。no use ~ingは「~しても無駄である」という慣用表現。

Chapter 1 主体的である

> 実践しよう

5. 天気に文句言ってもしょうがないか。

It's no use complaining about the weather.

6. 雨の日は早目に家を出るようにしよう。

I'll just leave home earlier on rainy days.

7. お天気アプリを使うようにしよう。

I'll use a weather app.

TIPS
- ❹ direct one's attention to ~ で「(人)の意識を~に向ける」。
- ❺ complain は「文句を言う」。
- ❻ rainy day で「雨の日」。
- ❼ app は application の略で、「(スマホなどの)アプリ」。

8. あのご近所さん、無愛想だから、会うたびに嫌な気分なんだよね。

That neighbor is so unfriendly that I always feel annoyed whenever I run into him.

> 7つの習慣ではこう考える
> ↓

9. 人の行動は、自分の思い通りにはならない。

I can't control how others behave.

10. 周りを変えられないなら、自分が変わろう。

If I cannot change my environment, I'll have to change myself.

11. 自分の影響の輪を広げることに集中しよう。

I'll focus on enlarging my Circle of Influence.

TIPS
❽so ~ that ... は「あまりに~なので…」という構文。annoyedは「腹を立てる、イライラする」。run into ~ は「~に出くわす」という言い方。
❾behaveは「振る舞う、行動する」。
❿environmentは「周囲の状況、環境」。
⓫focus on ~ で「~に集中する、~に心を注ぐ」という意味。enlargeは「拡大する」。

Chapter 1 主体的である

実践しよう

12. 相手に自分と同じ価値観を期待しないようにしよう。

I'll stop expecting others to have the same values as myself.

13. 自分が挨拶したければすることにしよう。

I'll greet people only if I want to.

14. ご近所さんが無愛想でも、気にならなくなってきたぞ。

It no longer bothers me if that neighbor is unfriendly.

TIPS

Circle of Influence は「影響の輪」(P.56参照)。
⑫ expect someone to ~ は「(人)が~するのを期待する」という言い方。value (価値) は複数形で「価値観」という意味になる。
⑬ greet は「(丁寧に)挨拶する」という動詞。
⑭ no longer ~ で「もはや~ない」。bother は「(人)に嫌な思いをさせる」。

15. あ〜、昨日お客さんに怒られたんだった。今日は会社に行きたくないなあ。

Oh, boy. A cusomer got mad at me yesterday. I don't want to go to work today.

7つの習慣ではこう考える

16. 過去を変えることはできない。

I cannot change the past.

17. 過ちは認めて、すぐ謝ろう。

I'll admit my mistake and apologize promptly.

18. 失敗から学ぼう。

I'll try to learn from my mistakes.

TIPS
- ⑮ get mad at ~ で「(人)を叱りつける」。
- ⑰ admit は「〜を認める」。apologize は「謝る、謝罪する」。promptly は「迅速に、素早く」という意味。
- ⑱ learn from ~ は「〜から学ぶ」という意味。

Chapter 1 主体的である

実践しよう

19. 起きたことにくよくよしてもしょうがないか。

It's no use crying over spilled milk.

20. 改めてメールで誠意を伝えよう。

I'll follow up with another email to show my sincerity.

21. 同じミスを繰り返さないように、再確認しておこう。

I'll double-check to make sure I don't repeat the same mistakes.

TIPS
⑲ It's no use crying over spilled milk.（覆水盆に帰らず）は使用頻度の高い慣用表現の一つ。
⑳ follow up は「（効果を高めるために）繰り返し行う、更に行動をとる」という言い方。sincerity は「誠意」。
㉑ double-check は「（慎重を期して）再点検する」。

Chapter ❶ 主体的である

❶ 否定的な自己暗示に注意

`DL MP3_15`

Wilson: **Good morning, Taro. Are you ready for our presentation today?**

Tanaka: **Good morning, Alex. I think so. I just hope I won't ❶stumble during it. I don't feel confident speaking in English, you know.**

Wilson: **Can I give you some advice? Stop conditioning yourself with negative language! We've prepared well. We'll be fine.**

Tanaka: **You're right. I'll stop saying I can't do something before I've even tried. Let's go and seize the opportunity.**

Wilson: **That's the ❷spirit!**

ウィルソン：おはようございます、田中さん。今日のプレゼン、準備はいいですか?
田中：おはよう、アレックス。できていると思うよ。ただ、プレゼンの途中で、つっかえないといんだけど。英語で話すのは、あまり自信がないからなあ。
ウィルソン：ひとつアドバイスをしてもいいですか? ネガティブな言葉で自己暗示をかけないで! 十分準備しました。大丈夫ですよ。
田中：そうだね。やる前に、できないと言うのはやめるよ。チャンスをつかみに行こう。
ウィルソン：その心意気です!

【語注】
❶ stumble 言葉が詰まる、口ごもる
❷ spirit 気迫、意気、元気

❷ 今できることをする

DL MP3_16

Ito: **Tanaka-san, you had a call from Mr. Lee of ABC a few minutes ago. He said he wants you to call him back.**

Tanaka: **Oh, boy. He got mad at me yesterday. I really ❶dread calling him back.**

Ito: **❷Unfortunately, you cannot change the past. You should admit your mistake and apologize promptly.**

Tanaka: **I did. I also followed up with an email to show my sincerity.**

Ito: **Good. You can't control how others behave, so let's just direct our attention to what we can do.**

伊藤：田中さん、何分か前に、ABC社のリーさんから電話があったんだけど。かけ直して欲しいんですって。
田中：ああ…。昨日怒られたんです。かけ直すのが怖いです。
伊藤：残念ながら、過去を変えることはできないから。過ちを認めて、すぐ謝るといいんじゃないかしら。
田中：そうしました。そして、改めてメールでも誠意をお伝えしました。
伊藤：よかった。人は自分の思い通りにはならないから、とにかくできることに意識を向けましょう。

【語注】
❶dread ~ing　〜することを恐れる
❷unfortunately　あいにく、残念ながら

Quick Check

本章に出てきたフレーズを復習しましょう。以下の日本語の意味になるよう英文を完成させてください。答えはページの下にあります。

❶ 周囲の環境に惑わされてはいけないな。 ➡P.044
 I cannot let the environment (　　　)(　　　) me.

❷ 職場の環境のせいにせず、主体的であるべきだよな。 ➡P.046
 I should be (　　　) instead of (　　　) the office environment.

❸ 何事も率先して行動しないと始まらない。 ➡P.046
 If I want things to happen, I must take the (　　　).

❹ 自分でチャンスをつかみに行こう。 ➡P.046
 I'll go and (　　　) the opportunity.

❺ 完璧じゃなくてもいい。 ➡P.053
 It doesn't (　　　) to be (　　　).

❻ 選択肢は自分にあるという意識を持たなきゃな。 ➡P.054
 I should be (　　　) that I have the (　　　).

❼ 自分がコントロールできないことを気にするのはやめよう。 ➡P.058
 I'll stop (　　　) about things that I can't control.

❽ 起きたことにくよくよしてもしょうがないか。 ➡P.063
 It's no use crying over (　　　)(　　　).

---

❶ act/upon　❷ proactive/blaming　❸ initiative　❹ seize　❺ have/perfect　❻ aware/choice
❼ worrying　❽ spilled/milk

Chapter 2

始業 Starting Work

終わりを思い描くことから始める

仕事を始める前に、
今日一日をどんな日にしたいのか、イメージしてみましょう。
第2の習慣を意識しながら
自分が実現したいことを思い描ければ、
日頃からどんな行動をすればいいか、おのずと見えてくるはずです。

1

目的を明確にする

　第2の習慣は、「終わりを思い描くことから始める」です。これは、行動を起こす前に、その目的を最初に明確にしておく習慣です。1日の仕事を始める前ならば、今日の業務はどこまで進めておくかを明らかにしておき、会議での交渉事であれば、先方との合意点をどこに持っていくかを想定して臨みます。1週間、1カ月も同様に、それぞれの到達点を明確にしておきます。

　この習慣は、自分の人生をどう生きたいのかをはっきりと思い描くためのものです。自分のしたい生き方やなりたい姿がわからないまま毎日を過ごしていても、目的地のわからない道を進むようなものです。「7つの習慣」では、人生の最後の日を思い浮かべてみることが大切と言います。人生の最後には、どんな人に囲まれ、どんな人生だったと思いたいかできるだけ具体的に考えてみます。家族や友人はあなたにどんな言葉をかけているでしょう。あなたはどんな仕事をしていたでしょう。そこがはっきりすると、転職、起業、結婚、住宅購入といったさまざまなライフステージで大きな決断をするときも、自分のしたい生き方に沿った選択ができるようになります。

　人生のゴールに思いを巡らすことは、今日一日の生き方を考えるきっかけになります。自分の人生をより有意義なものにするためにも、常に目的を明確にしてから行動する習慣を作りましょう。

Chapter 2 終わりを思い描くことから始める

Point

人生のゴールに思いを巡らせて、
今日の生き方を考えよう。

1. 自分の人生、このままでいいのかな。

I'm wondering if this is really how I want to spend my life.

7つの習慣ではこう考える

2. 人生最後の日を思い浮かべてみよう。

I'll imagine what my final day might be like.

3. 自分の人生をどう振り返りたいだろう。

How would I want to look back on my life?

4. 周りの人にどういう人だったと思われたいだろう。

How would I want people to remember me?

TIPS
❶ wonder if ~ で「~ではないか心配する、~ではないかと思う」。
❷ imagine は「想像する、心に描く」。
❸ look back on ~ で「~を回顧する」。
❹ remember は「覚えている、記憶にとどめる」。

Starting Work −始業−

Chapter 2 終わりを思い描くことから始める

> 実践しよう

5. 人生の最後には、「あの人らしい生き方だったね」と言われたいな。

I hope people will say, "She lived her life on her own terms."

6. 自分が入社したときの初心に返ってみよう。

I'll recapture the feelings I had on my first day at this company.

7. 自分の仕事が世の中にどう貢献しているのか、もう一度考えてみよう。

I'll rethink how my job is contributing to society.

TIPS

❺ terms は「条件」。on one's own terms で「自分らしく、思い通りに」という表現。
❻ recapture は「(過去のことを) 思い出す」という動詞。英語には「初心」に相当する単語は特にない。「初心に返る」は、remember one's original purpose などとも言う。
❼ contribute は「貢献する」。

8. やることが多すぎて、何から手をつけていいかわからない。

I have so many things to do that I don't know where to start.

> 7つの習慣ではこう考える
> ↓

9. よし、まずは今日の目標を決めよう。

All right, I'll first set a goal for today.

10. 一日の流れをイメージしてみよう。

I'll imagine how things will flow throughout the day.

11. そのイメージに沿って、実行してみよう。

I'll act according to that image.

TIPS
- ❽このso ~ that ... は「非常に~なので…」と結果を表している。
- ❾set a goalで「目標を設定する」という言い方。
- ❿flowは「流れる、流れるように通る」。
- ⓫according to ~ は「~に従って」。

Chapter 2 終わりを思い描くことから始める

実践しよう

12. 今月の打ち合わせで、お客様が発注してくれるよう、頑張るぞ。

I'll aim to persuade our customer to place an order at the meeting today.

13. 納品スケジュールを、あらかじめ確認しておこう。

I'll confirm the delivery schedule in advance.

14. （顧客に）今、ご発注いただければ、来月末までに納品可能です。

If you could give us your order today, we'd be able to deliver the products by the end of next month.

TIPS
⓬aim to ~ は「~しようと目指す、~するつもりである」。place an order で「注文する」という表現になる。
⓭confirm は「確認する」。delivery は「納品」。in advance は「あらかじめ」という意味。
⓮product は「製品、商品」。

15. 自分はチームリーダーとしてちゃんとやれているのかな。

Am I being a competent team leader?

7つの習慣ではこう考える

16. リーダーシップは、達成すべき目標を決めることだ。

Leadership is about deciding the goals that need to be achieved.

17. マネジメントは、目標を達成する手段を考えることだ。

Management is about coming up with the means to achieve such goals.

18. 何よりもまず、いいリーダーになろう。マネジメントはその次だ。

First and foremost, I need to be a good leader; then comes the management.

TIPS
⑮be動詞は存在を表す状態動詞なので、現在進行形になることはあまりないが、ここではあえて、Am I being ~?とすることで、「(今現在ちゃんと)~となっているだろうか」と、ある状態を自問自答する表現になっている。例)Am I being honest with myself?(自分自身に正直になっているだろうか)
⑯~ is about ...は「~とは…であるということ」という言い方。

Chapter 2 終わりを思い描くことから始める

実践しよう

19. 忙しすぎて、チームの成長なんて考えていなかった。

I've been so busy that I've had no time to think about the growth of the team.

20. 日常業務を人に任せて、自分は新規顧客の開拓に時間をもっと割こう。

I'll delegate the daily work and spend more time cultivating new customers.

21. 他部署のリーダーと情報交換しよう。

I'll exchange information with the department leaders.

TIPS
⑱ first and foremost は「真っ先に、何よりもまず」という表現。
⑲ have no time to ~ は「~する時間がない」。
⑳ delegate は「(任務・権限などを) 他人に任せる」という動詞。cultivate は「(新しい顧客や市場を) 開拓する」。
㉑ exchange information で「情報交換をする」。

2

変わらない原則を中心に置く

「7つの習慣」では、「すべてのものは2度創られる」と言います。家であれば、最初に設計図を作り、次に設計図に沿って家を建てることです。人生で言えば、1度目は人生のあるべき姿をイメージし、2度目はそのイメージに沿って人生を歩むということです。

もしあなたの人生が思い描いた通りに進んでいなければ、今の生活を見直す必要があります。今の自分の生活は、何を中心に回っているでしょうか。残業ばかりであれば仕事中心の生活かもしれません。何をするにも節約や貯蓄が頭に浮かぶようであれば、お金中心かもしれません。もし配偶者や子供の都合に自分が合わせることが多ければ、あなたの生活は家族中心に回っているかもしれません。

多くの人にとって、何が自分の中心になるのかは、そのときの状況によって変わってきます。けれども、中心がころころ変わる人生は、ときとして自分が本当にしたいことを見失わせます。明確な中心を持ち、自分を見失わないためには、理想の生き方を思い浮かべて、自分が大事に思う「原則」に沿った行動をすることが大切です。そうすれば、「家族旅行の予定に急な仕事が入ってしまった」「仕事は条件で選ぶべきか、やりたいことで選ぶべきか」といった、どちらを優先するか迷うときにも、原則に基づいた判断ができるようになります。

Chapter 2 終わりを思い描くことから始める

> 最近、仕事の夢ばかり見ちゃうんですよね。

> 仕事が人生の中心になっているのかもね。

> 先輩は資産運用…。

> アレックスはガールフレンドのことで頭がいっぱいみたいだね…。

Point

何を優先するか迷うときは、
自分の価値観に立ち返ろう。

1. 今日は大事な会議があるのに、子供が熱を出した。

There is an important meeting today, and my child has a fever.

7つの習慣ではこう考える

2. 自分にとっての優先順位は何だろう。

What is my priority?

3. 助けが必要な時は、周囲に頼ろう。

I won't hesitate to depend on others in times of need.

4. 業務を少し任せられないかな。

Let's see if I can delegate certain tasks.

TIPS
❶ have a fever は「熱がある」。
❷ priority は「優先事項、優先順位」。
❸ hesitate to ~ は「~するのをためらう、ちゅうちょする」。depend on ~ は「~に頼る」。in times of need で「必要な時」という意味。
❹ この certain は「確実な」ではなく、「とある、いくらかの」という意味。

Chapter 2 終わりを思い描くことから始める

> 実践しよう

5. 今日は早退して、子供を医者に連れて行こう。

I'll go home early and take my child to the doctor's.

6. (同僚に)この案件、お客さんから電話が来たらフォローをお願いできるかな。よろしくお願いします。

Could you please take care of this if the client calls? I appreciate your help.

7. (上司に)すみませんが、本日は早退します。今日の会議の内容は、後日共有していただけないでしょうか。

I'm afraid I must leave early today. Could you please brief me about today's meeting on another day?

TIPS
❺「医者に連れて行く」は take someone to see a doctor とも言う。
❻ appreciate は「〜をありがたく思う、感謝する」という動詞。Thank you for 〜. と言い替えることもできる。
❼ I'm afraid 〜 は「すみませんが〜、あいにく〜」という言い方。brief は「〜に概要を説明する」という動詞。

8. そろそろ人事考課の時期。
仕事はつまんないけど、条件がいいんだよね。

The next performance review is coming up. This is a tedious job, but the conditions are good.

7つの習慣ではこう考える

9. 自分のキャリアに対する価値観を思い出してみよう。

I should remind myself what my values are in terms of my career.

10. 5年先の自分は何をしていたいか考えてみよう。

I'll think of what I want to be doing five years from now.

11. 自分はどんな人生だと満足なんだろう。

What kind of life would I feel content with?

TIPS
❽「人事考課」は他にpersonnel evalutionという言い方もある。tediousは「(仕事・任務などが)つまらない、退屈な」という形容詞。
❾ remindは「(人)に思い出させる、再認識させる」という動詞。in terms of ~ は「~に関して、~の点から」という意味。
❿「~年先、~年後」は ~ years from nowのほかに、in ~ years' time(ただし「1年

Starting Work −始業−

Chapter 2 終わりを思い描くことから始める

> 実践しよう

12. やっぱり、やりがいのある仕事がしたいなあ。

I really want to do a job that I love.

13. この仕事は、しばらく続けよう。

I'll continue in this job for a while.

14. 今は準備期間として、新たなチャンスに備えよう。

I'll use this as preparation time for a new opportunity.

TIPS
先、1年後」は in one year's time）と言うこともできる。
⓫ feel content with ~ は「~に満足を感じる」。
⓬「やりがいのある仕事」は他にも a worthwhile job、a rewarding job、a challenging job など、さまざまな言い方ができる。
⓭ continue in ~ は「~（役職・仕事などに）引き続きとどまる」という意味。

15. 住宅ローンに教育費。お金のことで頭がいっぱいだ。

Mortgage and education fees — my head is filled with money concerns.

7つの習慣ではこう考える

16. お金を稼ぐ本来の目的を、見失っているかもしれない。

I might be losing sight of the true purpose of earning money.

17. もう一度初心に立ち返ってみよう。

I'll get back to my initial objectives.

18. 自分にとって大事なことを見失わないようにしよう。

I won't lose sight of what is important to me.

TIPS
- ⑮ mortgage は「(抵当権付き) 住宅ローン」。(be) filled with ~ は「~でいっぱいだ」という言い方。
- ⑯ lose sight of ~ で「~を見失う」という表現。purpose は「目的、意義」。
- ⑰ ここでは「初心に立ち返る」を get back to one's initial objectives としている (直訳は「当初の目的に立ち返る」)。

82　Starting Work －始業－

> Chapter 2 終わりを思い描くことから始める

実践しよう

19. マイホームで家族と楽しく暮らすのが夢だったっけ。

My initial wish was to live happily in my own home with my family.

20. 親子のコミュニケーションをおろそかにしちゃいけないな。

I shouldn't neglect communicating with my kids.

21. 家族と過ごす時間を大事にしよう。

I'll have quality time with my family.

TIPS
⑲「マイホーム」をmy homeと訳しても通じるが、「自分の持ち家」はone's own homeやone's own houseと言う。
⑳このneglectは「なおざりにする、顧みない」という動詞。
㉑quality timeは「質の高い時間、充実した時間」という意味。

3

人生のミッション・ステートメントを書く

　自分はどんな人になりたいのか、どんなことをしたいのか。自分の大切にしている価値観や原則が何かを明確にするのが、「ミッション・ステートメント」です。ミッションは「使命」、ステートメントは「宣言」を意味します。人生のゴールを思い描く習慣を身に付けるには、ミッション・ステートメントを書いて自分の信念を明確にするのが効果的です。

　例えば、「正直でいよう」「恩を忘れずにいよう」「強い決断力を持とう」のようになりたい自分を表現したり、「仕事と家庭を両立する」「時間を有意義に使う」といった具体的なことを書いたりしてもよいでしょう。形式や中身は人それぞれです。日々の生活のなかで、思いついたものから書きとめます。そして書いたものを、自分の行動の指針として心にとどめ、実行していきましょう。

　またミッション・ステートメントは、個人だけでなく、職場や家族の間でも話し合い、作ることができます。それぞれの価値観を共有し、みんなが同意したミッション・ステートメントを常に目の届くところに置けば、部署の目指すゴール、家族の目指す理想像に向けて、一緒に歩んでいくことができます。作成したミッション・ステートメントは定期的に見直し、実践できているか確認しましょう。

Chapter 2 終わりを思い描くことから始める

> 自分のやりたいことって何だろう…。

> 先輩、これが僕のミッション・ステートメントです!

> ・お腹いっぱい食べる!
> ・ゆっくり風呂に浸かる!
> ・10時間ぶっ通しで寝る!

> 疲れてるってことね…。

Point

自分の信念と目指すゴールを明確にしよう。

1. 今の生活、若い頃に思い描いていた人生と全然違う。

My current life is nothing like how I imagined it would be when I was younger.

> 7つの習慣ではこう考える

2. 自分はどんな人生にしたいのか、書き出してみようかな。

I'll write down how I want to live my life.

3. ミッション・ステートメントを1つずつ実践してみよう。

I'll put my mission statement into practice, one item at a time.

4. 定期的に見直して、うまくいかないところは調整しよう。

I'll reexamine it regularly and make adjustments if something isn't working.

TIPS
① current は「現在の」。(be) nothing like ~ で「~とは別物である」。
② write down は「書き留める、筆記する」。
③ put ~ into practice で「~を実践してみる」という表現。mission statement は「使命記述書、(会社の)綱領、社是」。「7つの習慣」では、個人のミッション・ステートメントを記すことを推奨している。

Chapter 2 終わりを思い描くことから始める

> 実践しよう

5. 自分にも人にも、誠実な人生を送りたいな。

I want to lead a life where I am true both to myself and to others.

6. 自分に嘘をつかないようにしよう。

I'll try never to be untruthful to myself.

7. 職場でもなるべく裏表なく接しよう。

I'll be as candid as possible in the office, too.

TIPS
- ❹reexamineは「見直す、再検討する」。make an adjustmentで「調整する、修正する」という意味。
- ❺「人生を送る」はlead a lifeと言う。(be) true to ~ は「~に誠実である」。
- ❻untruthfulは「偽りの」。
- ❼candidは「率直な」という意味。

8. みんな、自分の主張ばかりで、
チームが同じゴールに向かっていないな。

Everyone is thinking only of themselves, and we're not working for the same goals as a team.

> 7つの習慣ではこう考える
> ↓

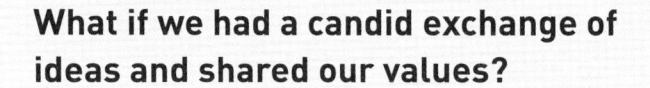

9. みんなで率直に意見を交換して、価値観を共有したらどうだろう。

What if we had a candid exchange of ideas and shared our values?

10. 全員が同意した内容を、ミッション・ステートメントとしよう。

We'll write a team mission statement that we all agree on.

11. 日々、ミッション・ステートメントを実践しよう。

We'll act on this mission statement on a daily basis.

TIPS

❾ What if ~? は What will/would happen if ~? の略で、「もし〜したらどうなるだろう、もし〜だったらどうなるだろうか」という言い方。
❿ agree on ~ は「〜について合意する」という表現。
⓫ act on ~ で「〜に基づいて行動する、〜に従って行動する」。

> 実践しよう

12. チームとして機能するためには、みんなが同じビジョンを持つことが大事だ。

Sharing a vision is crucial to working as a team.

13. (チームに)この商品で、市場シェアトップを目指そう。

Let's strive to get the No. 1 market share with this product.

14. (チームに)この商品を使ったときのお客さんの笑顔を想像してみよう。

Let's picture the happy faces of our customers when they use this product.

TIPS

⓬ vision は「見通し、構想、ビジョン」という意味。crucial は「極めて重要な」。
⓭ strive to ~ は「~しようと努力する、懸命に~しようとする」。

Chapter ❷ 終わりを思い描くことから始める

❶ 大切なもの

DL MP3_23

Ito: **Oh, dear. I just got a call from ❶nursery school that my child has a fever.**

Tanaka: **You should go ❷pick him up right away.**

Ito: **I know, but there is an important meeting with a customer today.**

Ono: **Don't worry. I will go to the meeting for you. You shouldn't hesitate to depend on others in times of need.**

Ito: **Thank you. It's kind of you to say so. Tanaka-san, could you please take care of this if the client calls? I appreciate your help.**

Tanaka: **No problem. I hope he gets well soon.**

伊藤：ああ、大変。保育園から、子供が熱を出したという連絡が来ちゃった。
田中：すぐお迎えに行ってあげないと。
伊藤：そうだけど、今日はお客さんと大事な会議があるのに。
小野：心配しないで。私が出席しましょう。助けが必要な時は、遠慮せずに周囲に頼って。
伊藤：ありがとうございます。そう言っていただけるとありがたいです。田中さん、この案件、お客さんから電話が来たら、フォローをお願いできるかな。よろしくお願いします。
田中：任せてください。お子さん、どうぞお大事に。

【語注】
❶ nursery school　保育園
❷ pick ~ up　~を迎えに行く

❷ 将来を展望する

`DL MP3_24`

Wilson: **The next performance review is coming up,** isn't it? How do you like working here?

Ito: I like the job, but I'm not happy with what I ❶earn. I have a child and **my head is filled with money concerns.**

Wilson: **Education fees**, right? Maybe you could work more overtime. But you need to **have** some **quality time with** your **family** ...

Ito: ❷**Don't I know it! I might be losing sight of the true purpose of earning money. I'll think about my priorities before the review.**

ウィルソン：そろそろ人事考課の時期ですよね。ここで働いていて、どうですか。
伊藤：仕事は好きだけど、給料面で満足はしていないかな。子供がいるんだけど、お金のことで頭がいっぱいで。
ウィルソン：教育費ですよね。たぶん、もっと残業をしなくちゃならなくなりますよね。でも、家族と過ごす時間は大事ですからね…。
伊藤：まったくよ！ お金を稼ぐ本来の目的を、見失っているかもしれない。考課の前に、自分にとっての優先順位を考えておこうかな。

【語注】
❶earn 稼ぐ
❷Don't I know it! もちろん、そう思うよ！、そんなこと知っているよ！

Quick Check

本章に出てきたフレーズを復習しましょう。以下の日本語の意味になるよう
英文を完成させてください。答えはページの下にあります。

❶ 自分の人生、このままでいいのかな。 ➡P.070

I'm (   ) (   ) this is really how I want to spend my life.

❷ 日常業務は人に任せて、自分は新規顧客の開拓にもっと時間を割こう。 ➡P.075

I'll (   ) the daily work and spend more time (   ) new customers.

❸ 自分にとっての優先順位は何だろう。 ➡P.078

What is my (   )?

❹ もう一度初心に立ち返ってみよう。 ➡P.082

I'll get back to my (   ) objectives.

❺ 家族と過ごす時間を大事にしよう。 ➡P.083

I'll have (   ) time with my family.

❻ 職場でもなるべく裏表なく接しよう。 ➡P.087

I'll be as (   ) as possible in the office, too.

❼ チームとして機能するためには、みんなが同じビジョンを持つことが大事だ。 ➡P.089

Sharing a vision is (   ) to working as a team.

---

❶ wondering/if ❷ delegate/cultivating ❸ priority ❹ initial ❺ quality ❻ candid ❼ crucial

Chapter 3
仕事 At Work

最優先事項を優先する

仕事が始まると、電話やメールに会議の山。
どれも急ぎの案件かもしれません。
でも、それは全部、本当に重要なことでしょうか。
この章では、第3の習慣を心にとどめながら、
今までの時間管理のやり方を見直します。

1

本当に大事なことを優先する

　第1の習慣「主体的である」、第2の習慣「終わりを思い描くことから始める」を見てきましたが、続いてご紹介する第3の習慣「最優先事項を優先する」は、目的に向かって主体的に行動するための自己管理の習慣です。

　私たちはよく、「この仕事は○時までにやって、その次はこの仕事を△時までにする」というように、時間で物事を管理しがちです。けれどもそれでは、本当にやるべきことまで手が回っているとはいえません。私たちは、やりたいことがあっても、急ぎでないと後回しにしてしまうことがよくあります。しかし、時間通りに急ぎの仕事が終わったからよしとするのではなく、本当にしたいことができて初めて、目的が達成できたといえるのです。

　「7つの習慣」では、本当にやるべきことを達成するために、日々の事柄を、「Ⅰ.緊急で重要なこと」「Ⅱ.緊急でないが重要なこと」「Ⅲ.緊急だが重要でないこと」「Ⅳ.緊急でもなく重要でもないこと」の4つの領域に分類しています（右図）。そして、重要だけれども後回しになっている第Ⅱ領域に使う時間を増やすべきだと提案しています。

　自分が日頃している事柄、取り組みたい事柄、生活習慣などを思い起こし、4つの領域に分けてみましょう。その中で、どのように第Ⅱ領域の時間を増やし、残りの領域に使う時間を減らせるかを考えます。

Chapter 3 最優先事項を優先する

時間管理のマトリックス

ここに使う時間を増やすことが大切！

	緊急	緊急でない
重要	**第Ⅰ領域** Quadrant Ⅰ [活動] • 危機への対応 • 差し迫った問題 • 期限のある仕事	**第Ⅱ領域** Quadrant Ⅱ [活動] • 予防、PCを高める活動 • 人間関係づくり • 新しい機会を見つけること • 準備や計画 • 心身をリラックスさせること
重要でない	**第Ⅲ領域** Quadrant Ⅲ [活動] • 飛び込みの用事、多くの電話 • 多くのメールや報告書 • 多くの会議 • 無意味な接待や付き合い • 期限のある催し物	**第Ⅳ領域** Quadrant Ⅳ [活動] • 取るに足らない仕事、雑用 • 多くのメール • 多くの電話 • 暇つぶし • 快楽だけを追求する遊び

Point

重要だけど後回しになっていることに手をつけよう。

1. この会議、こんなに長くやる必要あるのかな？

Does this meeting really need to be this long?

> 7つの習慣ではこう考える

2. 緊急でも重要でもない会議が多すぎる。

We have too many meetings that are neither urgent nor important.

3. 急ぎで大事な要件だけに時間を割いたらどうだろう。

What if we only spend time on pressing and important matters?

4. 時間を作る効率的な方法を考えてみよう。

We should think of effective ways to free up more time.

TIPS

❶ meetingは規模に関わらず、幅広い「会議」を指す語。conferenceはpeace conference（和平会議）のように、より正式な会議を指す。

❷ neither A nor Bは「AでもなくBでもない」という意味。urgentは「緊急な」。importantは「重要な」。

❸ pressingは「差し迫った、緊急の」。

> 実践しよう

5. (チームに)明日の会議の議題、あらかじめみんなに共有しておいてくれるかな?

Can you share the agenda for tomorrow's meeting in advance?

6. (チームに)何か問題がある人だけ発言したらどうかな?

Could only those who have any problems speak up?

7. (リーダーに)チームリーダーは、部員の進捗を確認してもらえませんか。

Can the team leaders please check on your staff's progress?

TIPS

❹ effective は「効果的な」、free up ~ は「~を解放する」。
❺「共有する」は share。agenda は「(検討すべき) 課題、議題」。in advance は「あらかじめ、前もって」。
❻ speak up は「遠慮なく言う、率直に言う」。
❼ check on ~ は「~を確認する」。

8. 緊急の仕事ばかりこなしていて、なかなか空き時間を作れない。

I've only been taking care of the most urgent jobs, but I still don't have any spare time.

7つの習慣ではこう考える

9. 「急ぎ」って言われると、無意識に反応していないかな。

Am I acting without thinking when I hear the word "urgent"?

10. 緊急ではないけれど重要なことをするには、主体性が必要だ。

I need to be proactive in order to take care of matters that aren't urgent but are important.

11. 重要だけれど、後回しになっていることは何だろう？

What matters have I been putting off even though they are important?

TIPS
- ❽ spare time は「空き時間」。
- ❿ in order to ~ は「~するために」。
- ⓫ put off は「後回しにする、先送りにする」。

Chapter 3 最優先事項を優先する

実践しよう

12. もっとスキルアップの時間が欲しいな。

I want more time to improve my skills.

13. 自分のスキルアップのためには、どんなことに時間を使ったらいいだろう。

How should I use the time to improve my skills?

14. 何とか英会話レッスンの時間を作ったぞ。

I finally made time for English conversation lessons.

TIPS

⓬「スキルアップする」は improve one's skill と言う。
⓭ should は「〜すべきである」という義務を表す助動詞。How should I 〜? で「どうやって〜すべきだろう」という表現になっている。
⓮ make time for 〜 で「〜の時間を作る」。

15. 今日はヒマだなあ。適当に仕事して帰るか。

There isn't much to do today. I could slack off and go home early.

> 7つの習慣ではこう考える

16. 空いた時間を無駄に過ごしてはいないだろうか。

Am I wasting my spare time doing nothing?

17. 自分がやるべきことを思い出してみよう。

I'll remind myself of what I need to do.

18. 重要だけれど、後回しにしていることに時間を使おう。

I'll spend my time on matters that are important but have been put off.

TIPS

⓯ There isn't much to do. は「あまりやることがない」という表現。slack off は「サボる、怠ける、手を抜く」という言い方。
⓰ waste は「〜を無駄にする」という動詞。do nothing は「何もしない」。
⓲ spend one's time on 〜 で「〜に時間をかける、〜に時間を費やす」という表現。

Chapter 3 最優先事項を優先する

実践しよう

19. 今、この空いた時間にできることはないかな。

What can I do with the spare time that I have right now?

20. 不測の事態に備えて、仕事をマニュアル化しておこう。

I'll make contingency plans and create a job manual.

21. 新しいプロジェクトを企画してみようかな。

I'll come up with a new project.

TIPS

⓳ right now は「現在」。
⓴ contingency は「不足の事態、不慮の事態」という名詞。make contingency plans で「不足の事態に備えて対策を取る」という表現になる。
㉑ come up with ~ で「(案などを)思い付く、考え出す」という言い方。

2

大事なことを優先する時間を作る

　本当に大事なことを優先させるためには、第Ⅱ領域以外の事柄へ費やす時間を減らし、第Ⅱ領域に費やす時間を増やす必要があります。

　その方法の一つが、するべきことの取捨選択です。第Ⅰ領域の緊急で重要な事柄を削るのは難しいけれど、第Ⅲ、第Ⅳの領域に費やす時間は見直せるはず。しかし、第Ⅲ領域の緊急だが重要でない事柄は、自分にとっては重要ではないが、周囲の人にとっては重要なことが多いため、断るのが難しい領域でもあります。部下からの相談にいつでも乗る上司はいい上司ではあるけれど、そのために第Ⅰ領域の緊急で重要な仕事ができなかったり、社外での人間関係作りや自己成長といった事柄に手が付けられなかったりしたら、決して効果的な自己管理とはいえません。

　第Ⅰ領域に占める時間を少しずつ減らしていくには、問題が起きたら対応する対処療法ではなく、問題を未然に防ぐ予知・予防のアプローチに切り替えていく必要があります。

　このアプローチは、第Ⅱ領域です。第Ⅱ領域は、人間関係を育てたり、長期的な計画を立てたりする重要な領域です。この領域に時間を費やすためにも、緊急に対処しなければいけない問題を、対処療法から予知・予防のアプローチに日頃から少しずつ変えていきます。

Chapter 3 最優先事項を優先する

Point

対処療法から
予防のアプローチに変えていこう。

1. 部下の相談は断れない。でも、これじゃあ自分の仕事が進まない。

I must spend time helping out my team, but it is starting to interfere with my own work.

7つの習慣ではこう考える

2. 対処療法には限界がある。

Supportive measures have their limits.

3. 予防のアプローチに変えていこう。

I'll change my approach to preventive measures.

4. 自分が本当にやるべきことに時間を使おう。

I'll spend my time doing things that really need to be done.

TIPS

❶ interfere with ~ は「~を妨げる」という意味。
❷ supportive measures は「対処療法」。have one's limits で「限界がある」という表現になる。
❸ preventive measures は「予防策」。precautionary measures という言い方もできる。

> 実践しよう

5. (チームに)今月起きた問題について話し合いましょう。

Let's talk about the problems that have occurred this month.

6. (チームに)それらのデータをもとに、再発防止フローを作りませんか?

Why don't we make a flowchart based on this data to prevent repeating the same mistakes?

7. (チームに)一度このフローを試してみましょう。

Let's try this flowchart out.

TIPS

❺ occur は「起こる、発生する」。
❻ flowchart は「フローチャート、流れ図」。repeat は「(経験などを)繰り返す」という意味。
❼ try ~ out で「~を試しに使う、実際に使ってみる」という表現。

8. 今日中にこの仕事やっちゃいたいなあ。今日の飲み会、断っちゃおうかな。

I really want to finish up this job today. I'd better just say that I won't be able to make it to today's get-together.

7つの習慣ではこう考える

9. この仕事は重要なのか、あるいは緊急なのか、考えてみよう。

Let me think about whether this job is important or urgent.

10. 急ぎの仕事をできるだけ効率的に処理する方法を考えよう。

I must find a way to do the urgent jobs as efficiently as possible.

11. 第Ⅱ領域のタスクに費やす時間を増やそう。

I'll increase the time that I spend on Quadrant II tasks.

TIPS

❽ finish up は「仕上げる、終わらせる」。I'd better は I had better の縮約形で、「〜したほうがいい」という表現。make it to 〜 で「〜に出席する、〜に参加する」という意味。get-together は「親睦会、懇親会」。

❿ find a way to 〜 は「〜するための方法を模索する」。efficiently は「効率的に」。

Chapter 3 最優先事項を優先する

> 実践しよう

12. 他部署の同僚と飲み会なんて、いい機会だ。行った方がいいな。

This would be a good opportunity to have a drink with colleagues from the other department. I should go.

13. (同僚に)久しぶりだね。最近どうしてた？

It's been a while, hasn't it? What have you been up to?

14. (同僚に)そのアプローチ、うちの部署でも使えるかも。今度一緒に何か企画しようよ。

That approach could work in our department as well. Let's have a joint project in the future.

TIPS
- ⓫ Quadrant II は「第Ⅱ領域」を指す。(p.94参照)
- ⓭ What have you been up to? は「最近どうしてる？」と近況を聞く表現。
- ⓮ joint は「共同の」という形容詞。

3

全面的なデリゲーション

　物事を成し遂げるには、自分が効率的に行動するか、人に任せるかしかありません。「7つの習慣」では、人に責任を持たせて任せることを「全面的なデリゲーション」と呼びます（デリゲーションは「委任」の意味）。

　デリゲーションでよくあるケースは、任せておきながら、「次これをやって」「終わったら呼んで」というように、いちいち指示を出して、結局、相手を自分の思い通りに動かしてしまう場合です。これは単なる「使い走りのデリゲーション」で、うまく人に任せているとはいえません。これでは、自分の時間が増やせないだけでなく、相手の成長にもつながりません。

　全面的なデリゲーションをするにはまず、自分の望む結果を相手にきちんと伝えることが大切です。そして、やり方は自由に選ばせ、その結果に責任を持たせます。「すべきこと」を指示するのは控え、ガイドラインを提供するだけにとどめます。そして評価基準を定めて、進捗報告や評価をするタイミングを具体的に決めておきます。評価の内容は、結果の良し悪しにかかわらず、相手と共有します。こうすることで、全面的なデリゲーションが相手の成長にもつながり、任せることで自分が第Ⅱ領域に費やせる時間も増やせるのです。**全面的なデリゲーションは、時間と忍耐が必要ですが、信頼関係ができれば、相手は想像以上の力を出し、結果に責任を持つようになるのです。**

Chapter 3 最優先事項を優先する

人に責任を持たせて仕事を任せるために大切な5つのこと

1 望む成果
何を達成しなければならないのかをお互いに明確にする

2 ガイドライン
守るべき基準やルールがあれば明確にする

3 リソース
望む結果を得るために使える人員や資金、技術などを明確にする

4 アカウンタビリティ
評価基準を定めて、報告時期や評価時期を決めておく

5 評価の結果
結果の良し悪しに関わらず、評価の結果は共有する

Point

全面的なデリゲーションで、自分の時間を作ろう。

1. 人に任せるよりは、自分でやっちゃったほうが早いんだよなあ。

It's faster to do it myself than to delegate.

7つの習慣ではこう考える

2. 人に任せて、大事なことに使う時間を作るようにしよう。

I'll start delegating and make time to do things that I need to do.

3. 新人がミスを避ける手助けになるガイドラインを伝えるだけにしよう。

I'll give the new employee some guidelines to help her avoid making mistakes.

4. 手段は任せて、結果に責任を持たせよう。

I'll let them work out their own methods and hold them accountable for the results.

TIPS
❸ guideline は「(行動などの)指針、ガイドライン」。avoid ~ing で「~するのを防ぐ、~が起きるのを回避する」という意味。
❹ work out は「(方法・理論などを)考え出す、苦心して作り上げる」。hold someone accountable for ~ で「(人)に~の責任を持たせる」。result は「結果」。

> 実践しよう

5. （新人に）この案件、最後まで対応をお願いできるかな？

Can I ask you to see this job through all the way to the end?

6. （新人に）ここの部分だけ間違えないようにすれば、あとのやり方は任せるよ。

As long as you don't make a mistake in this part, you can do the rest your own way.

7. （新人に）ゆくゆくはこのクライアントを任せたいから、来週どこかで進捗を確認させてもらえるかな。

I'd like to hand this client over to you in the future, so please give me an update sometime next week.

TIPS

❺ see ~ through で「最後まで~をやり遂げる」という表現。all the way to ~ は「~までずっと」。

❻ as long as ~ は「~さえすれば」。

❼ hand ~ over to ... は「~を…に引き渡す」という言い方。give someone an update で「(人)に最新の情報を伝える」。

8. 任せたはいいけど、
なんでズレた報告しかあがってこないんだろう。

I did give her the task, but her progress reports are missing the point.

> 7つの習慣ではこう考える

9. 自分の望む結果を最初にきちんと共有できていたかな？

Did I share the expected results up front with her?

10. 評価する基準や、進捗を確認する時期を決めよう。

I should set the assessment criteria and the dates for updates.

11. 評価の基準を共有しよう。

I'll share the assessment criteria with her.

TIPS
❽progress report は「中間報告書、進捗状況報告書」。miss the point は「焦点がずれている、的外れだ」という意味。
❾expected は「求められる、期待される」。up front は「前もって、あらかじめ」。
❿assessment criteria は「評価基準」という意味。criteria は「基準」の複数形で、単数形は criterion。set a date で「日時を定める」。

Chapter 3 最優先事項を優先する

実践しよう

12. (新人に)この報告書、お客さんが見て納得できるレベルに仕上げてくれるかな?

Can you please complete this report to a level that will convince the customer?

13. (新人に)これはなかなかいい報告書だね。

This is a well-written report.

14. (新人に)それ、もう少し掘り下げてみてくれる?

Can you dig into it a little further?

TIPS

⓬ complete は「〜を完了する、仕上げる」。convince は「納得させる」。
⓭ well-written は「よく書かれた、うまくまとめられた」。well ＋過去分詞で「うまく〜した、よく〜している」という複合形容詞を作ることができる。
⓮ dig into 〜 は「〜を掘り下げて調べる」という言い方。

15. ベテラン社員につい頼っちゃうんだよね。

I tend to ask the more-experienced employees to do things.

7つの習慣ではこう考える

16. マネジメントをもっと効果的にする方法があるはずだ。

There must be a more effective way to manage these tasks.

17. それぞれの社員の実力に見合った業務を割り振ってみよう。

I'll delegate jobs according to the ability of each employee.

18. 望む結果のレベルも変えてみよう。

I'll change the level of expectation as well.

TIPS
- ⓯ experienced で「経験豊かな、ベテランの」。
- ⓱ according to ~ は「~に照らして、~に準じて」。ability は「能力、力量」。
- ⓲ expectation は「期待、予想」という名詞。文末に置かれた as well は「その上、おまけに」という意味。

Chapter 3 最優先事項を優先する

実践しよう

19. みんなそれぞれ、持っているスキルはさまざまだ。

Everyone has different abilities.

20. 新人には、報告の頻度を増やしてくれるよう、頼んでみよう。

I'll ask the new employees to report to me more frequently.

21. ベテラン社員は、報告の頻度を減らして、成果を重視しよう。

I'll ask for fewer reports from the more-experienced staff and will just focus on the results.

TIPS　⑳new employee は「新入社員」という意味。

Chapter 3 最優先事項を優先する

❶ 時間を有効活用する

Ono: **Did you ❶reserve a room from 1:00 to 2:00 tomorrow?**

Tanaka: **Unfortunately, only Room B was ❷available and only for half an hour.**

Ono: **Again? There are too many unimportant meetings at this company.**

Tanaka: **Should we reschedule the meeting?**

Ono: **No, let's make it short. We'll only spend time on pressing and important matters. Can you share the agenda for tomorrow's meeting in advance?**

Tanaka: **Sure. I'll ❸get on it right away.**

小野：明日の1時から2時まで、部屋を予約した?
田中：残念ながら、B室のみが、30分だけ空いていました。
小野：またか。この会社には重要でもない会議が多すぎるね。
田中：会議を別の日にしましょうか。
小野：いや、短くしよう。急ぎで大事な要件だけに時間を割けばいいから。明日の会議の議題、あらかじめみんなに共有しておいてもらえるかな?
田中：わかりました。すぐにやります。

【語注】
❶ reserve 予約する
❷ available 利用できる、空いている
❸ get on it さっさと（仕事に）取り掛かる、急いでやる

❷ 人に任せることを覚える

DL MP3_32

Ito: **I see you've been working late recently.**

Tanaka: **My current life is nothing like how I imagined it would be when I was younger...** There must be a more effective way to **do this work.**

Ito: **Perhaps you should learn to delegate more.**

Tanaka: **I know, but** it's **often** faster to do it myself**.**

Ito: **Of course it is. However, delegating tasks will not only give you more time ❶in the long run, but it will let your staff gain ❷invaluable experience, too.**

Tanaka: **That's true. I'll give it a try.**

伊藤：最近遅くまで残っていることが多いみたいね。
田中：今の生活、若い頃に思い描いていたものと全然違う…。仕事をもっと効果的にする方法があると思うんですが。
伊藤：もっと人に仕事を任せることを覚えてもいいかもよ。
田中：そうなんですけど、自分でやっちゃったほうが早いことが多いんですよね。
伊藤：そりゃあそうでしょう。でもね、人に任せると、長い目で見れば自分の時間が増えるし、スタッフが貴重な経験が得られることにもなるじゃない。
田中：そうですね。やってみます。

【語注】
❶ in the long run　長い目でみれば
❷ invaluable　非常に貴重な

Quick Check

本章に出てきたフレーズを復習しましょう。以下の日本語の意味になるよう英文を完成させてください。答えはページの下にあります。

❶ この会議、こんなに長くやる必要あるのかな？ ➡P.096

Does this meeting really need to be (　　　)(　　　)?

❷ 緊急ではないけれど重要なことをするには、主体性が必要だ。 ➡P.098

I need to be proactive in order to take care of matters that aren't (　　　) but are (　　　).

❸ 空いた時間を無駄にしてはいないだろうか。 ➡P.100

Am I wasting my (　　　) time doing nothing?

❹ 予防のアプローチに変えていこう。 ➡P.104

I'll change my approach to (　　　) measures.

❺ 久しぶりだね。最近どうしてた？ ➡P.107

It's been a (　　　), hasn't it? What have you been (　　　) to?

❻ 人に任せるよりは、自分でやっちゃったほうが早いんだよなあ。 ➡P.110

It's faster to (　　　) it (　　　) than to delegate.

❼ 自分の望む結果を最初にきちんと共有できていたかな？ ➡P.112

Did I share the (　　　) results up (　　　) with her?

❽ マネジメントをもっと効果的にする方法があるはずだ。 ➡P.114

There must be a more (　　　) way to (　　　) these tasks.

---

❶ this/long　❷ urgent/important　❸ spare　❹ preventive　❺ while/up　❻ do/myself
❼ expected/front　❽ effective/manage

Chapter 4

交渉　Negotiating

Win-Winを考える

仕事をすると、見積もりや納期など、
相手との合意が必要な場面が多々あります。
そんなとき、「勝つか負けるか」の姿勢で交渉してはいないでしょうか。
第4の習慣「Win-Winを考える」を通じて、
双方に幸せな道をもたらす、
本当のWin-Winとは何かを考えます。

1

信頼口座の残高を増やす

ここまで、第1、第2、第3の習慣を見てきました。これらは皆、人に依存した状態から、自立した人間を目指すための習慣です。自立した人間が次に目指すのが、深い信頼を基盤にした、他者との人間関係です。第4、第5、第6の習慣は、人からの信頼を得て、深い信頼関係を築くことを目指します。信頼関係があれば、お互いが力を出し合い、より大きな成果をもたらすことができます。

「7つの習慣」では、人との信頼関係の度合いを「信頼口座」という言葉で表します。銀行にお金を預けるように、相手に預けるのは「信頼」です。相手の自分への信頼度が高ければ高いほど、信頼口座の残高は増えていきます。代わりに、相手の信頼を損ねる行為を繰り返せば、信頼口座の残高は減っていきます。

この信頼口座の残高を増やすための心がけは6つあります（右図）。「相手を理解する」「小さなことに気遣う」「約束を守る」「期待を明確にする」「誠実さを示す」、そして「信頼を損ねたときには心から謝る」です。どれも、日ごろの心がけでできることばかりです。両者の間に深い信頼関係があれば、少しの傷で壊れたりはしません。けれども、小さい傷が積み重なると、あとで大きな傷となります。6つの心がけを忘れずに、信頼口座の残高を増やしていきましょう。

信頼口座の残高を増やす6つの方法

信頼口座とは ➡ 信頼を預金口座のように預け入れて増やしていく考え方

1 相手を理解する
相手の関心やニーズに耳を傾ける。本当に理解しようという姿勢は、最も大切な預け入れになる

2 小さなことに気遣う
ちょっとした気配りや配慮を怠らないこと。人間関係では、小さなことが大きな意味を持つ

3 約束を守る
約束は信頼残高を大きく増やすが、逆に約束を破れば大きく失うことになる。小さな約束でも守ることが大切

4 期待を明確にする
何を期待するのか明確にしておかないと、誤解を生み、相手を失望させてしまう。双方の期待を明らかにしておく

5 誠実さを示す
約束を守り、相手の期待に応えることが、誠実さを示すことになる

6 信頼を損ねたときは心から謝る
相手の信頼を損ねたときは、心から謝る。それがまた信頼口座の残高を増やすことにつながる

Point

信頼口座の残高を増やすには、
日ごろの心がけが大切。

1. お客さんに折り返し連絡しますって言ったきり、忘れてた。

I told a client that I would get back to him, but I forgot to do so.

> 7つの習慣ではこう考える

2. 壊れた人間関係に、応急処置は効かない。

There is no quick cure for faulty human relationships.

3. 人間関係は、築くのにも維持するのにも時間がかかる。

It takes time to build and maintain relationships.

4. 人間関係に一番大切なのは、何を言うかではなく、どんな人間かということだ。

It's not what you say but who you are that counts in human relationships.

TIPS
❶ get back to ~ で「(人)に返事をする、(人)に折り返し連絡する」。I forgot to do so の so は、do の目的語となり、get back の代名詞になっている。
❷ quick cure は「応急処置」。emergency treatment という言い方もある。
❸ maintain は「~を維持する、保持する」。
❹ count は「重要である、価値がある」という動詞。

122 Negotiating －交渉－

Chapter 4 Win-Winを考える

実践しよう

5. やっぱり大事なお客さんだから、ちゃんと謝ろう。

He's an important client. I should offer my sincere apologies.

6. (顧客に) ご連絡が遅くなり、大変申し訳ありません。

I'm terribly sorry to get back to you so late.

7. (顧客に) お見積もりは、朝一番にお送りいたします。

I'll send you an estimate first thing in the morning.

TIPS

❺offer an apology で「謝罪をする」という表現。さらに sincere (偽りのない、心の底からの) を付けた sincere apology は「心からの謝罪」という意味になる。
❻terribly は「ものすごく」という副詞。terribly sorry で「非常に申し訳なく思う」という意味。
❼estimate は「見積もり」。

8. 子供と遊ぶ約束をしたけど、この一本だけメール送っちゃいたいんだよね。

I promised I would play with my child, but I really need to send this one email.

7つの習慣ではこう考える ↓

9. 誰に対しても誠実でいよう。

I should be honest with everyone.

10. 小さなことを気遣おう。

I'll be conscientious with the small stuff.

11. 約束を守ろう。

I'll keep my promises.

TIPS
- ❽ promise は「約束する」。
- ❾ honest は「正直な、実直な、誠実な」という形容詞。
- ❿ conscientious は「注意深い、丁寧な」という意味の形容詞。small stuff は「細かいこと、ささいなこと」。don't sweat the small stuff(細かいことにこだわるな) というフレーズは、かつてベストセラー本のタイトルにもなった。

Chapter 4 Win-Winを考える

> 実践しよう

12. 小さなことでも約束は約束だからなあ。

Whether big or small, a promise is a promise.

13. (子供に)待たせてごめんね。
一緒にトランプしようって言ってたんだよね?

Sorry, honey. We said we'd play a game of cards, didn't we?

14. (子供に)いいよ、やろう。よーし、勝負だ!

All right, let's do it. The battle is on!

TIPS
⓫「約束を守る」は keep one's promise。
⓬A promise is a promise. は「約束は約束だ」という表現で、「武士に二言なし」と訳されることもある。
⓭honey は子供や愛する人への呼びかけに用いられる。
⓮The battle is on. で「戦いの火ぶたが切られた」という口語表現。

15. 報告書が上司の期待と違ったみたいだ。

It seems like my report wasn't up to par with the boss's expectations.

> 7つの習慣ではこう考える

16. 自分の性急な思い込みで行動したのかも。

Perhaps I acted upon hasty assumptions.

17. 何かを始める前に、期待されているものは何か、よくわかっておかないと。

I must make sure I know what's expected before starting anything.

18. 相手が何を期待しているのか、きちんと理解しよう。

I'll make sure I understand what people expect of me.

TIPS
⓯up to parは「(基準・合格レベルに)達して」という意味。
⓰act uponは「〜に基づいて行動する」。hastyは「性急な、軽はずみな」。assumptionは「(証拠もなく)決めてかかること」という意味。
⓲expect 〜 of ...は「…(人)に〜を期待する」。ここでは、someone expect 〜 of me(相手が私に〜を期待する)の「〜の」の部分が関係代名詞whatに置き換えられ

126 Negotiating −交渉−

Chapter 4 Win-Winを考える

> 実践しよう

19. (上司に)再度確認すべきでした。

I should have double-checked.

20. (上司に)報告の要点をもう一度確認させていただけませんか。

Could we go over the points that need to be confirmed?

21. (上司に)今後は、完全な報告書をあげるようにいたします。

I'll make sure I hand in complete reports from now on.

TIPS

ていて、それに続くwhat節が述語動詞understandの目的語になっている。
⑳confirmは「確認する、裏付ける」。
㉑make sure (that) ~ で「必ず~する」という言い方。from now onは「今後は」という意味。

2

Win-Win で第 3 の案を探す

　第4の習慣は「Win-Winを考える」です。「7つの習慣」においては、「Win-Win」とは単に「どちらも勝ち」を意味する訳ではありません。Win-Winの解決策を探すことは、相手との信頼関係を築き、主張する勇気と相手を気遣う思いやりを持って、第3の案を一緒に探すことです。

　いつも自分が譲って相手を立てている人は、波風が立たない分、一見問題がないように見えるかもしれません。けれどもそれは単に「いい人」を演じているだけで、抑圧された感情はいつか表に現れ、関係はこじれます（Lose-Win）。ビジネスの世界も同じこと。自分の利益しか頭にないと（Win-Lose）、相手はどんどん離れていき、結果的に双方どちらの得にもならないということにもなりかねません（Lose-Lose）。両者に幸せをもたらす方法が、両者どちらの主張でもない第3の案です。そして第3の案に到達できて初めてWin-Winといえます。

　現実においては、条件が合わないなどの理由で、どうしても第3の案を見つけられないこともあるでしょう。手を尽くしても妥協点が見つからない場合は、No Deal（取引しない）という考え方もあります。相手と同じ価値観や目標を見つけられなかったら、そもそも取引をしないのです。Win-Winの関係になれないのであれば、No Dealを選ぶことが得策と言えるでしょう。

Chapter 4 Win-Winを考える

Win-Winに至るには、主張する勇気と
相手を思いやる気持ちが大切！

	思いやり 高い	
	Lose-Win 自分が負けて、相手が勝つ 「いい人」タイプで、 波風を立てずに 相手に花を持たせるやり方	**Win-Win** 自分も勝ち、相手も勝つ お互いの利益になる結果を 見つけようとするやり方
	Lose-Lose 自分も負けて、相手も負ける Win-Loseタイプの 我を通そうとする者同士が 衝突すると、Lose-Loseになる	**Win-Lose** 自分が勝ち、相手は負ける 「勝つか負けるか」の精神で、 自分の意向を押し通すやり方
	低い　　　　勇気　　　　高い	

Point

Win-Winで両者が幸せになる方法を探そう。

1. 外注先からの見積もりが予算オーバー。値引きを迫るか。

The quotation from our subcontractor is over budget. Should we ask for a discount?

> 7つの習慣ではこう考える

2. Win-Winの精神は、「勝つか負けるか」の環境では育たない。

The Win/Win spirit cannot be nurtured in a "win or lose" environment.

3. Win-Winになるために必要なのは、信頼関係だ。

What is needed to achieve a Win/Win solution is a trusting relationship.

4. 主張する勇気と相手を思いやる気持ちを持とう。

We should have the courage to express our point of view while caring about the other side.

TIPS
- ❶ quotation は「見積もり」。subcontractor は「下請け業者、再委託先」。
- ❷ nurture は「育てる、養育する」という動詞。
- ❹ express one's point of view は「自分の考えを示す」。より強く「主張する」と言うには assert(強く主張する)、claim(言い張る)などの表現がある。

Chapter 4 Win-Winを考える

5. (外注先に)大変恐縮なのですが、いただいたお見積もりだと、予算的に厳しい部分がございまして。

I'm afraid your quotation will be quite difficult for us to meet budget-wise.

6. (外注先に)ご依頼した作業量を考えると、確かにお見積もりは妥当なのですが。

We're aware that your quotation is reasonable considering the amount of work we've asked you to do.

7. (外注先に)作業量を調整いたしますので、もう一度お見積もりをいただいてもよろしいでしょうか。

Could we ask you for another estimate after we've made adjustments to the amount of work required?

TIPS
❺このmeetは「(要求・条件などが)合う、かなう」という意味。budget-wiseの-wiseは名詞の語尾に付ける接尾辞で、「～的に、～に関しては」という意味。
❻reasonableは「理にかなった」。considering ~ は「～を考慮すれば、～のわりには」。
❼estimateは「概算書、(おおよその)見積もり」という意味。なお、金額が確定した上で提示されるのはquotation。

8. また仕事を引き受けちゃった。いいように使われているのかな。

I've agreed to take on another task. Am I being a pushover?

> 7つの習慣ではこう考える

9. いつも同僚に花をもたせていないかな。

I may be letting my colleagues always have the upper hand.

10. 自分の感情をずっと抑えていたら、いつか我慢できなくなるときがくる。

If I keep on suppressing my feelings, one day I won't be able to take it anymore.

11. パラダイムを変えて、相手も自分も幸せになる方法を考えよう。

I'll shift the paradigm and think of a way where both of us can be happy.

TIPS
- ⑧ pushover は「いいなりになる人」という口語表現。
- ⑨ have the upper hand は「優位に立っている、優勢である」という表現。
- ⑩ suppress は「(考え・気持ちを)抑える、我慢する」という動詞。not take it anymore は「もうこれ以上は耐えきれない」という表現。例) I'm not going to take it anymore.（もうこれ以上我慢しない）

Chapter 4 Win-Winを考える

実践しよう

12. (同僚に)手伝うかわりにお願いがあるんだけど。

I'll help you, but could I ask you a favor in return?

13. (同僚に)このプレゼン、ミスがないかチェックしてもらえないかな。

Could you please check this presentation to see there are no mistakes?

14. (同僚に)力を貸してくれてありがとう。何か自分にできることがあれば言って。

I appreciate your help. Tell me if you need anything.

TIPS

⓫ paradigm は「(理論などの)枠組み、パラダイム」。「7つの習慣」では「パラダイムシフト」の考え方を推奨している。(p.24参照)
⓬ ask a favor は「頼み事をする、用事を頼む」。in return で「返礼として」。
⓭ check to see ~ で「~を確かめる」。「プレゼン」は presentation と言う。

15. この設備、導入するのかどうか、お客さんからの返事がずっとこない。

Our customer hasn't come back with whether they'll install this equipment or not.

> 7つの習慣ではこう考える

16. Win-Winは第3の案を探し出すことだ。

A Win/Win solution means coming up with a third plan.

17. 満足する解決策がなければ、No Dealという選択肢がある。

There's always the option of a No Deal if there isn't a satisfactory solution.

18. 本当のWin-Winに達しなければ、No Dealが得策だ。

Unless we reach a true Win/Win solution, a No Deal would be the best option.

TIPS
- ⑮come back with (an answer) で「(返事)が返ってくる」という意味。install は「導入する、設置する」。
- ⑯come up with ~ は「~を思い付く、~を考え出す」という句動詞。
- ⑰deal は「取引、取り決め、契約」という名詞。No deal は「取引不成立」という意味になる。satisfactory は「満足のいく、納得のいく」という形容詞。

Chapter 4 Win-Winを考える

実践しよう

19. (顧客に)その後、ご検討はいただけましたでしょうか？

Please allow me to ask if you have reviewed our offer.

20. (顧客に)もう少しお時間が必要でしたら、ひとまずプロジェクトは延期したほうがいいかもしれません。

If you need more time, perhaps we should postpone this project for now.

21. (顧客に)またいつでもご相談ください。

We're looking forward to hearing from you.

TIPS

⑱unless ~ は「~でない限り、もし~でなければ」という意味の接続詞。reach a solutionで「解決策に到達する」という言い方。
⑲allow ~ to ... は「~に…することを許す」という意味。
⑳postponeは「~を延期する、後回しにする」。
㉑(be) looking forward ~ で「~を楽しみにしている、心待ちにしている」。

3

Win-Winに必要な5つの側面

　Win-Winを目指したものの、うまくいかないという場合もあるでしょう。No Dealとする前に、うまくいかない原因を考えてみましょう。「7つの習慣」では、Win-Winに到達するために必要なものとして「人格」「人間関係（両者の信頼関係）」「協定」「システム（Win-Winを促進する環境）」「プロセス（手順）」の5つを挙げています（右図）。もしうまくいかないとすれば、このどれかに問題がある可能性があります。

　人格という土台ができていなければ、他者と信頼関係は築けません。第1、第2、第3の習慣を実践して、人から信頼される人柄を目指します。信頼口座の残高を思い起こし、相手との信頼関係が希薄であれば、残高を増やすよう心がけます。また、**双方の求める結果にたどり着くためには、双方の期待が同じである必要があります。**お互いの期待するものに食い違いはないか、確認し合います。

　組織の場合はどうでしょうか。経営者と社員の間で、人格という土台があり、信頼し合っていて、双方の期待も一致しているのにも関わらず、Win-Winに到達していないのであれば、双方がWin-Winになるシステムが必要です。例えば、社員が業績を上げたのであれば、会社は報奨などのシステムによって、社員に報いる努力をします。また、Win-Winに至るためのプロセス（手順）を見直すことも大切です。

Win-Winの関係を築くための5つの側面

1 人格
誠実で、勇気と思いやりのバランスが取れている

2 人間関係
人格が土台となり、お互いに深い信頼関係が築かれている

3 協定
Win-Winの中身とそこに至る道筋を明確にし合意している

4 システム
Win-Winに至るまでの道筋を支えるシステムがある

5 プロセス
相手の立場を理解し、双方が受け入れられる結果が明確である

人格・人間関係・協定をシステムとプロセスが支える！

- 1 人格
- 2 人間関係
- 3 協定
- 4 システム　5 プロセス

Point

Win-Winに至らなければ、その原因を考えよう。

1. 個人の成績だけが給料に反映されるんだから、「チームワーク」なんて言葉だけじゃん。

Only the individual performances are reflected in our salaries. "Teamwork" is just a word.

> 7つの習慣ではこう考える

2. Win-Winがうまくいかないときは、信頼関係の土台ができているか考えてみよう。

When the concept of Win/Win isn't working, it's worth considering if there is a foundation for a trusting relationship.

3. 全員にとってのWin-Winが何なのかをよく考えてみよう。

We should consider what a true Win/Win situation would be for everyone.

4. Win-Winを阻む原因は何だろう？

What is it that hinders us from achieving a Win/Win situation?

TIPS

❶ (be) reflected in ~ で「~に反映される」。「給料」はsalary。ちなみに「賃金」はwagesと言う。
❷ conceptは「概念、考え」。(be) worth ~ing は「~する価値がある」という表現。
❹ hinderは「妨げる、邪魔する」という動詞。

138 Negotiating –交渉–

Chapter 4 Win-Winを考える

実践しよう

5. うちの会社の評価システム、個人評価に偏っていないかな。

Our company's evaluation system might be putting too much emphasis on individual performances.

6. 個人評価に加えて、チームとしての成果も含めてはどうだろう。

What if the team's achievement is measured in addition to individual achievements?

7. 今度の会議で提案してみよう。

I'll bring this matter up at the next meeting.

TIPS

❺ evaluation system で「評価システム」。put emphasis on ~ は「~に重きを置く、~を重視する」という表現。
❻ in addition to ~ は「~に加えて、~のほかに」。
❼ bring ~ up は「(議題・問題などを)持ち出す、提起する」。

8. こんな予算じゃあ、到底お客さんの希望通りの品質で作れないよ。

There's no way that we can achieve the quality that the customer is looking for with this budget.

> 7つの習慣ではこう考える

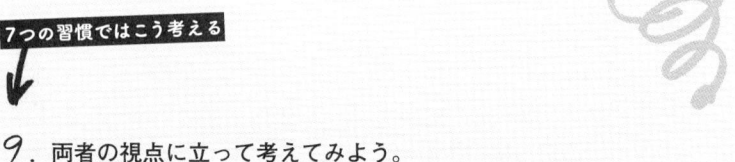

9. 両者の視点に立って考えてみよう。

I'll try to see things from both perspectives.

10. 双方が受け入れられる結果を、明確にしてみよう。

I'll clarify the results that would be acceptable to both parties.

11. 望む結果を出すための、新しい選択肢はないかな。

Is there a new option that would still enable us to achieve the desired results?

TIPS
- ❽ there's no way that ~ は「~ということなどあり得ない」という言い方。
- ❾「視点」は perspective 以外に、point of view とも言う。
- ❿ clarify は「~を明確にする、はっきりさせる」という動詞。ここでの party は「関係者、当事者」という意味。
- ⓫ enable ~ to ... は「~が…できるようにする」という意味。

Chapter 4 Win-Winを考える

> 実践しよう

12. (顧客に)最初から過大なリスクは取れないというご事情はお察しします。

We understand your concerns about taking too much risk up front.

13. (顧客に)しかし、弊社としては、良いものを作るためには、このご予算ですと難しいです。

However, it's difficult for us to produce quality products within this budget.

14. (顧客に)インセンティブ契約をご検討いただくことは可能でしょうか。

Would you be willing to consider a cost-plus-incentive fee contract?

TIPS
⓬このconcernは「懸念事項、心配」という意味の名詞。
⓭(be) difficult for ~ to ... は「~(人)が…するのが困難である」という表現。within a budgetで「予算内で」という意味。
⓮cost-plus-incentive feeは「原価プラスインセンティブ契約」という契約の形態。

Chapter 4 Win-Winを考える

❶ Win-Winの前提条件

`DL MP3_39`

Ono: **How is the deal with ABC ❶coming along?**

Tanaka: **Not too well, I'm afraid.**

Ono: **I am sensing that they are not 100 percent sure about ❷proceeding with this deal.**

Tanaka: **That is my feeling as well. Perhaps I acted upon hasty assumptions.**

Ono: **What is needed to achieve a Win/Win solution is a trusting relationship, and it takes time to build and maintain such relationships. Let's ❸go back to basics and try to understand where their ❹hesitation is coming from.**

小野：ABC社との契約はどうなってる？
田中：残念ながら、あまりうまくいっていません。
小野：この契約を進めることに、彼らは100％乗り気でないような感じだね。
田中：そう思います。私に、性急な思い込みで行動した面があったかもしれません。
小野：Win-Winになるために必要なのは信頼関係で、そうした人間関係は、築くのにも維持するのにも時間がかかるものだよ。初心に返って、先方の躊躇が何に起因しているのか理解してみよう。

【語注】
❶ come along 進行する、進む
❷ proceed with ~ ~を続行する
❸ go back to basics 原点に帰る
❹ hesitation 躊躇、ためらい

❷ Win-Winを阻むもの

Tanaka: Oh, boy. I've agreed to take on another task. I feel like I'm being a pushover.

Wilson: No, you're not. But if you feel that you tend to ❶end up in a Lose/Win situation, what do you think is hindering you from achieving Win/Win?

Tanaka: I don't want to say no to people who come to me for help.

Wilson: You can shift the paradigm so you can achieve Win/Win. How about asking the other person for a favor in return?

Tanaka: You ❷have a point. I'll try that approach next time.

田中：ああ。また仕事を引き受けちゃった。いいように使える人間だと思われているのかな。
ウィルソン：そんなことはないですよ。でもLose-Winの状況になることが多いと感じているなら、Win-Winになることを阻むものは何だと思いますか？
田中：頼ってくる人に、嫌と言いたくないんだよね。
ウィルソン：Win-Winになるよう、パラダイムを変えるんですよ。例えば、自分もその人に何かお願いしてみるのはどうですか？
田中：一理あるなあ。今度やってみるよ。

【語注】
❶ end up 結局〜になる、最後には〜になる
❷ have a point 的を射ている、一理ある

Quick Check

本章に出てきたフレーズを復習しましょう。以下の日本語の意味になるよう
英文を完成させてください。答えはページの下にあります。

❶ 壊れた人間関係に、応急処置は効かない。 ➡P.122

There is no ( )( ) for faulty human relationships.

❷ ご連絡が遅くなり、大変申し訳ありません。 ➡P.123

I'm ( )( ) to get back to you so late.

❸ 約束を守ろう。 ➡P.124

I'll ( ) my ( ).

❹ 大変恐縮なのですが、いただいたお見積もりだと、予算的に厳しい部分がございまして。 ➡P.131

I'm afraid your quotation will be quite difficult for us to ( )( ).

❺ 手伝うかわりにお願いがあるんだけど。 ➡P.133

I'll help you, but could I ask you a favor ( )( )?

❻ もう少しお時間が必要でしたら、ひとまずプロジェクトは延期したほうがいいかもしれません。 ➡P.135

If you need more time, perhaps we should ( ) this project ( )( ).

❼ 両者の視点に立って考えてみよう。 ➡P.140

I'll try to see things from both ( ).

---

❶ quick/cure ❷ terribly/sorry ❸ keep/promises ❹ meet/budget-wise ❺ in/return
❻ postpone/for/now ❼ perspectives

Chapter
—5—
人間関係 Human Relationships

まず理解に徹し、
そして理解される

相手が自分の話を聞いてくれない。
良かれと思って言っているのに、どうやら相手は、腑に落ちていない様子…。
それはもしかしたら、あなたの「聞き方」に問題があるのかもしれません。
第5の習慣を念頭に置いて、
相手の心を開く接し方を身に付けましょう。

1
まずは「聞く」に徹する

　第5の習慣は、「まず理解に徹し、そして理解される」という習慣です。つまりは「自分の話を聞いてもらう前に、まずは相手の話に真剣に耳を傾ける」ということです。当たり前のことですが、日々これを実践するのは、決して容易なことではありません。

　多くの人は、まず自分の話を聞いてもらいたいと思っています。話を聞いているつもりでも、つい「でもそれってさ…」と途中で自分の意見を言ったり、「私も同じ経験あるよ」と相手の話を自分の経験談にすり替えてしまったりします。相手の話をよく聞かないまま、「こうすればいいんじゃない？」とアドバイスすることもあります。これでは話をしようと思った相手は不完全燃焼で終わってしまい、本心を話すことをあきらめて、心も閉ざしてしまいます。

　「相手が自分の話を聞いてくれない」「良かれと思って言っているのに、相手の心に響いていない」という事態は、こうして起こります。まずは、相手が心を開くまで、親身になって聞くことが大切なのです。

　相手が心を開いて自分を信頼してくれるかは、普段の言動や人柄にも現れます。日頃から周囲の人たちへの気配りや思いやりを忘れない人であれば、周囲からの信頼も厚く、周りも相談しやすいでしょう。第1、第2、第3の習慣で磨いた人格を忘れずに、常に聞く姿勢が大切です。

Chapter 5　まず理解に徹し、そしてに理解される

歓迎会

カンパーイ！
Welcome to Japan! アレックス!!

お、いける口だね。

ちょっとアレックス〜、
オレの話も聞いてよぉ〜。

誰の歓迎会なんだか…。

Point

まずは相手の話に真剣に耳を傾けよう。

1. 最近、チームの一人が非協力的なんだよな。

One of my team has been uncooperative lately.

> 7つの習慣ではこう考える

2. 原因を理解する前に、問題を解決しようとしてはいけない。

I shouldn't try to solve the problem before understanding its cause.

3. コミュニケーション能力は、人生で最も重要なスキルだ。

Communication skills are the most important skills in life.

4. まず理解に徹し、そして理解されよう。

I'll work hard to understand first, so that I'll be understood as well.

TIPS
① uncooperative は「非協力的」。
② solve a problem で「問題を解決する」。
③ communication skills は「コミュニケーション能力」。
④ understand は「理解する」。受け身の (be) understood で「理解してもらう」という意味になる。

Chapter 5 まず理解に徹し、そして理解される

> 実践しよう

5. 彼女の言い分も聞かずに、自分の考えを押し付けて、悪かったな。

I shouldn't have forced my own ideas on her without asking for her opinion.

6. (部下に)最近、あんまり会話していないけど、何かあった？

We haven't had much time to talk recently. Is anything the matter?

7. (部下に)もし言いたいことがあれば、話を聞くよ。

If you have something on your mind, I'm here to listen.

TIPS

❺ shouldn't have＋動詞の過去分詞で「〜すべきではなかった」という表現。force 〜 on ... は「〜を…に押し付ける」。
❻「何かあった？」はIs something wrong? と言うこともできる。
❼ have something on one's mindで「気にかかることがある」という表現。

8. あの人、すぐ愚痴るんだよなあ。話したくないなあ。

He complains too much. I don't want to talk to him.

> 7つの習慣ではこう考える

9. 多くの人は、自分が理解されたいと思っている。

Most people want to be understood.

10. 共感とは、相手の視点に立ってみることだ。

Being empathetic is all about seeing things from the other person's side.

11. 親身になって聞くことが、相手をより理解することにつながる。

Listening carefully would help me understand the other person more.

TIPS
❽complainは「不平不満を言う、愚痴を言う」。よりぐずぐずと「愚痴をこぼす、弱音を吐く」と言いたいときはwhineという動詞を使う。例) Stop whining and do your job.（泣き言はやめて、自分の仕事をしなさい）
❿empatheticは「共感できる、親身になる」という形容詞。「相手の視点」はthe other person's sideのほかに、the other person's standpointなどとも言う。

Chapter 5 まず理解に徹し、そしてされる

> 実践しよう

12. この人は、本当は何が言いたいんだろう。

What is this person really trying to say?

13. 愚痴っぽい人だと思って聞き流さずに、一緒に考えてみよう。

Instead of writing him off as a complainer, why don't I hear him out?

14. へえ、この人って、何が起こっているか、よく見てるんだな。

Wow. He really is quite attentive to what's going on.

TIPS

⓭ write someone off as ~ は「(人)を~と決め付ける、(人)を~として片付ける」という表現。complainer は「不平を言う人」。

⓮ attentive は「注意深い、気配りの行き届いた」。quite は「結構、なかなか」という意味の副詞。

15. アドバイスをしても、どうも相手は腑に落ちていないみたい…。

My advice does not seem to be getting through to people ...

7つの習慣ではこう考える

16. 相手が話し終わる前に、自分の意見を言っていないだろうか。

Am I hearing people out and not cutting them off with my own opinions?

17. 人に、自分の経験や考えを押し付けていないだろうか。

Am I pushing my own experiences and ideas onto people?

18. 相手に心を開いてもらうために、まずは最後まで話を聞こう。

If I want her to open up, I'll start by hearing her out.

TIPS
⓯ get through to ~ で「~に言いたいことが通じる」という意味。
⓰ hear someone out は「最後まで聞く、傾聴する」。cut someone off は「人の話を遮る」という意味。
⓱ この experience は「経験、体験」という名詞。push ~ onto ... で「~を…に押し付ける」という言い方。

Chapter 5 まず理解に徹し、そして理解される

実践しよう

19. 「でも…」とすぐに相手の話を否定しないようにしよう。

I won't reply negatively by saying, "But ..."

20. 相手の話を、自分の経験の話にすりかえないようにしよう。

I won't change their stories into stories about my own experiences.

21. 相手の本心を理解するために、話をよく聞こう。

I'll listen carefully to try to understand their true feelings.

TIPS
⑱open up には「心を開く、打ち解ける」という意味がある。
⑲reply は「返事をする」。negatively は「否定的に」という副詞。
⑳change the subject(話題を変える、話をはぐらかす)という表現がある通り、他動詞 change を使って「話をすりかえる」と言うことができる。
㉑true feeling は「本音、本当の気持ち」。

2
聞き方に気を配る

　相手の話を聞くときは、聞き方にも注意が必要です。相手の悲しい話や、信じられない出来事を聞くたびに、同情して怒ったり落ち込んだりしていたら、自分の心もしぼんできます。相手の気持ちに寄り添うことは大切ですが、共感することは、同情することではありません。原則を心にとどめて、相手の立場に立って理解に徹することが大切です。

　何か助言をするときには、相手が論理的になってから話し始めるといいでしょう。感情的なときは、相手が落ち着くまで共感して聞く姿勢でいます。相手の心を開く聞き方には4段階あります（右図）。

　第1段階は、相手の話をおうむ返しにする一番簡単な方法です。
　第2段階は、論理的に聞く方法です。「会社に行くの、嫌だなあ」と言われたら「そうか、（つまり）会社に行きたくないんだね」のように、相手の話の要点を、自分の言葉で言い換えます。
　第3段階の聞き方は、相手の感情を言葉にする聞き方です。相手が、「会社なんてもう嫌だよ。ばかばかしい」と言ったら、「イライラしているようだね」と相手の気持ちを自分の言葉に置き換えます。
　第4段階の聞き方は、第2段階と第3段階を組み合わせ、「そうか、（つまり）会社に行きたくないんだね。なんだかイライラしているみたいだね」と、相手の言いたいことを汲み取りつつ、相手の気持ちを反映した聞き方です。第4段階が一番深く共感した聞き方といえます。

Chapter 5 まず理解に徹し、そして理解される

「共感して聞く」4つのスキル

もし相手が 「会社、嫌だなあ」 と言ったら…

レベル

1 相手の言葉をそのまま繰り返す
会社、嫌なんだね

↓

2 相手の話の要点を言葉にする
会社に行きたくないんだね

↓

3 相手の気持ちを言葉にする
イライラしているようだね

↓

4 相手の話の要点と気持ちの両方を言葉にする
会社に行きたくなくて、イライラしているようだね

レベル4が一番相手に共感した聞き方に！

Point

相手が心を開く聞き方をしよう。

1. はあ、同僚の悩み、思ったより深刻だったなあ…。
自分までへこんだ。

Oh, dear. A colleague's problem was much more serious than I'd thought … It had quite an impact on me.

> 7つの習慣ではこう考える
> ↓

2. 共感は同情とは違う。

Empathy is different from sympathy.

3. よい聞き手になるためには、心の安定が必要だ。

To be a good listener, one must be in a good state of mind.

4. 心にいつも原則を置こう。

I'll try to lay down these principles in my heart.

TIPS
❶ Oh, dear. は「あーあ、やれやれ」。Oh, boy. も同じ意味。serious は「重大な、深刻な」。have an impact on ~ は「~に衝撃を与える、~に影響を及ぼす」。
❷ empathy は「共感、感情移入」。sympathy は「同情」。「7つの習慣」では empathy と sympathy をしっかり区別して使っている。
❸ state of mind は「心理状態、精神状態」。

Chapter 5 まず理解に徹し、そして理解される

実践しよう

5. 自分がへこんでいてもしょうがない。

I wouldn't be of any use if I felt depressed.

6. 人から相談されたら、ありのままの形で受け止めよう。

If someone comes to me for help, I'll take that person's feelings at face value.

7. (同僚に)何かできることはないかな？

Is there anything I can do?

TIPS

❹ lay down は「(規則などを)定める」。principle は「(行動の)原則、指針」。
❺ (be) of some use は「ひとかどの役に立つ」という意味で、前置詞＋名詞の形容詞句。ここでは wouldn't と、助動詞の否定形に続いているため、some が any となっている。feel depressed は「憂鬱になる、落ち込む」。
❻ at face value で「額面通りに」という表現。

8. 良かれと思って助言したら、お客さんが気を悪くした…。

Our customer seemed offended by my advice. I only meant well ...

7つの習慣ではこう考える

9. 助言するときは、細やかに気を配ろう。

I'll be more sensitive when I give advice.

10. タイミングを見計らって、話を切り出そう。

I'll wait for the right moment to speak.

11. 相手が感情的になったら、共感して聞く姿勢に戻ってみよう。

If the other person becomes emotional, I'll step back and try to be an empathetic listener.

TIPS

❽ offend は「〜に腹を立てる」。mean well は「良かれと思ってする」という言い方。
❾ sensitive は「繊細な、敏感な」。
⓫ emotional は「感情的な」。step back は「下がる」。
⓬ apologize for ＋名詞で「〜（のことに対して）謝る」。for に続く語が動詞の場合は -ing を付けて動名詞とする。ここでは said too much（言い過ぎた）が apologize（謝

Chapter 5 まず理解に徹し、そして理解される

実践しよう

12. (顧客に) 先ほどは差し出がましいことを言いまして、申し訳ございませんでした。

I apologize for having said too much just now.

13. (顧客に) お力になれることがあるかもしれませんので、御社の状況をお聞かせ願えませんでしょうか。

We'd appreciate it if you could share your situation with us. We'd love to be of assistance.

14. (顧客に) 1つご提案をしてもよろしいでしょうか？

May we offer one suggestion?

TIPS
る) より時制がひとつ古いので、動名詞の完了形、having said too much となっている。
⓭ (be) of assistance は「役に立つ」。
⓮ suggestion は「提案」という意味。

15. 部下が仕事でテンパっている。手助けしてやりたいけど…。

One of my team is suffering from job-related stress. I want to help her ...

> 7つの習慣ではこう考える

16. 相手が言おうとしていることを、言葉にしてみよう。

I'll try to rephrase what she has been trying to tell me.

17. 相手の気持ちを言葉にしてみよう。

I'll try to verbalize her feelings.

18. 相手が本当に言いたいことに言い換えてみよう。

I'll attempt to say what is really on her mind.

TIPS
- ⓯ suffer from ~ は「~に苦しむ、~に悩まされる」。
- ⓰ rephrase は「言い替える」。
- ⓱ verbalize は「言葉で表現する」という動詞。

Chapter 5 まず理解に徹し、そして理解される

実践しよう

19. (部下に)つまり、やるべき仕事がありすぎるってことかな?

Are you trying to say you have too much work to do?

20. (部下に)少し無理してるみたいだね。

It seems that you're feeling a bit overwhelmed.

21. (部下に)あとはやっておくから、今日は早目に帰ったらどうかな?

I'll continue from where you leave off. Why don't you go home early today?

TIPS
⑳feel overwhelmed で「気が遠くなる、圧倒される」という言い方で、ここにあるように「(仕事などに)忙殺されている」という意味で使うことができる。
㉑continue は「(仕事などを)継続する」。leave off は「やめる、中止する」。

3

心から耳を傾け、Win-Winを目指す

　Win-Winの関係に至る最初のステップは、この第5の習慣でもあります。相手のことをよく知らずにWin-Winを目指すのは不可能です。取引先であれば、まず相手の話を深く聞く機会を作ります。例えば、先方が自社商品のカタログを見せてほしいというのであれば、カタログを渡すだけでなく、どんな商品に興味があるのか、どんな問題を解消したいのか、相手のニーズを見極めます。自分が心から相手を理解しようとする姿勢がわかれば、相手も信頼を持ち始めます。競合相手の条件が同じ場合、顧客にとっては、テクニックよりもこうした人間性のほうが取引先を選ぶ決め手にもなります。

　相手が厳しい条件を提示してきても、感情的にならずに、一度受け止めて理解に徹します。契約条件であれば一つひとつに目を通し、質問があれば尋ね、相手にとって重要なことを自分が理解しているかきちんと確認していきます。人は、自分が理解されたと思って初めて心を開くのです。

　交渉の場でも同様です。聞くに徹して相手を深く理解してから、自分たちが考える問題点を提示すれば、相手も自分の話を聞こうという姿勢を持ってくれるでしょう。その信頼関係が築けて初めて、Win-Winの関係を目指せるのです。

Chapter 5 まず理解に徹し、そして理解される

うわー、怖そうなお客さん…。
契約結べるかなあ…。

これは長丁場になりそうだぞ…。

Point

Win-Winを目指す前に、まず相手を理解しよう。

1. この契約、向こうの要求が高すぎて無理だよ。

We'll never reach an agreement; their requirements are too high.

> 7つの習慣ではこう考える

2. 理解してから理解されることは、Win-Winに至るプロセスの第一歩だ。

The first step toward reaching a Win/Win situation is to understand before expecting to be understood.

3. 相手にとって大切なことをきちんと理解しているか、確認しよう。

I'll make sure that I have properly understood what is important to the other party.

4. Win-Winの前に信頼関係を築こう。

Building trust precedes working toward a Win/Win situation.

TIPS
- ❶ reach an agreement で「契約を結ぶ」という意味。requirement は「要求されるもの、必要要件」。
- ❸ make sure は「確かめる、確認する」。properly は「適切に、正確に」という副詞。
- ❹ precede は「(〜に)先んずる、優先する」という動詞。

Chapter 5 まず理解に徹し、そして理解される

実践しよう

5. (顧客に)まずはお客様のご要望をきちんと把握しているか、確認させてください。

First, let me confirm that we properly understand your requests.

6. (顧客に)次に、私どもが考える問題点をお話しさせてください。

Next, please allow us to convey to you what we perceive as potential problems.

7. (顧客に)金額については、双方の理解が得られた後にお話ししましょう。

We can talk about the figures after we have a mutual understanding.

TIPS

❺ confirm は「確認する、裏付ける」。request は「要求」。
❻ Please allow us to ~.は「私どもに~させてください」という言い方。convey は「伝える、伝達する」。perceive は「~を理解する、~を把握する」。potential problem で「問題になりそうなこと、潜在的な問題」。
❼ mutual understanding で「相互理解」という表現になる。

8. 何とかうちの商品を売る方法はないだろうか。

Is there any way we could sell our product?

7つの習慣ではこう考える

9. 自分のニーズを相手に押し付けてはいないかな。

Are we forcing our needs on others?

10. まずは相手の話を聞いて、ニーズを突き止めよう。

I'll just listen at first to indentify their needs.

11. お互いのニーズを満たして、解決する方法を提案しよう。

I'll offer a solution that will satisfy both parties' needs.

TIPS
❾ force ~ on ... は「~を…に押し付ける」。needs は複数形で「要求、ニーズ」という意味。
❿ identify は「突き止める、特定する」という意味。
⓫ satisfy needs で「ニーズを満たす」という言い方。

Chapter 5 まず理解に徹し、そして理解される

> 実践しよう

12. (顧客に)お客様が懸念されていることはどのようなことでしょうか。

Could you please specify your concerns?

13. (顧客に)このご提案は、お客様のご要望に沿っていますでしょうか。

Does this proposal meet your needs?

14. (顧客に)ご提案に関して気になることがございましたら、遠慮なくおっしゃってください。

Please feel free to speak up if you have any concerns about this proposal.

TIPS

⓬ specify は「〜を明確に述べる」という動詞。
⓭ meet one's needs は「〜のニーズを満たす」。
⓮ feel free to 〜 は「遠慮なく〜する、自由に〜する」。Please feel free to 〜. で「お気軽に〜してください、遠慮なく〜してください」という表現になる。speak up は「遠慮なく言う、率直に話す」。

Chapter 5 まず理解に徹し、そして理解される

❶ まずは理解する

`DL MP3_47`

Tanaka: **Ono-san, could I ask you for some advice?**

Ono: **Sure. How can I help you?**

Tanaka: **One of my team has been uncooperative lately. I've been trying to ❶solve the problem, but my advice does not seem to be getting through to him.**

Ono: **Hmm. "Solve the problem," you say? When I want people to open up, I start by hearing the other person out.**

Tanaka: **I see. I'll try to become a better listener.**

田中：小野さん、アドバイスをいただきたいのですが。
小野：もちろん。どうしたの?
田中：チームの一人が最近非協力的なんです。問題を解決しようとしたのですが、アドバイスしても、どうも相手は腑に落ちていないみたいで。
小野：うーん。「問題を解決」か。僕の場合、相手に心を開いてもらうために、まず最後まで話を聞くように心がけているよ。
田中：わかりました。もっと良い聞き手になろうと思います。

【語注】
❶ solve 解決する

❷ 真のWin-Winを目指す

Tanaka: We will never reach an agreement; their requirements are too high.

Wilson: ❶As the saying goes, ❷never say never. Let's make sure that we have properly understood what is important to the other party.

Tanaka: You're right. I will go back and listen to identify their needs.

Wilson: Ask them to specify their concerns so that we can offer a solution that will satisfy both parties' needs.

Tanaka: I'll do my best.

田中：この契約、向こうの要求が高すぎて無理だよ。
ウィルソン：俗に言うじゃないですか、何が起こるかわからないって。先方にとって大切なことを、僕たちがきちんと理解できているか、確認しましょう。
田中：そうだね。また訪問して、先方のニーズを突き止めるために話を聞いてくるよ。
ウィルソン：お互いのニーズを満たして、解決する方法を提案できるよう、先方が懸念していることを具体的に尋ねてみてください。
田中：頑張るよ。

【語注】
❶as the saying goes　格言にもあるように、俗に言うように
❷never say never　何が起こるかわからない、何が起こってもおかしくない、あきらめてはいけない

Quick Check

本章に出てきたフレーズを復習しましょう。以下の日本語の意味になるよう
英文を完成させてください。答えはページの下にあります。

❶ 問題を理解する前に解決しようとしてはいけない。 ➡P.148
I shouldn't try to (　　　　) the problem before (　　　　)
its cause.

❷ 愚痴っぽい人だと思って聞き流さずに、一緒に考えてみよう。 ➡P.151
Instead of (　　　　) him off as a (　　　　), why don't
I hear him out?

❸ 相手に心を開いてもらうために、まずは最後まで話を聞こう。 ➡P.152
If I want her to (　　　　)(　　　　), I'll start by hearing her out.

❹ 自分がへこんでいてもしょうがない。 ➡P.157
I wouldn't be of any (　　　　) if I felt (　　　　).

❺ タイミングを見計らって、話を切り出そう。 ➡P.158
I'll wait for the (　　　　)(　　　　) to speak.

❻ 少し無理してるみたいだね。 ➡P.161
It seems that you're feeling a bit (　　　　).

❼ ご提案に関して気になることがございましたら、
遠慮なくおっしゃってください。 ➡P.167
Please feel (　　　　) to speak up if you have any (　　　　)
about this proposal.

❶ solve/understanding　❷ writing/complainer　❸ open/up　❹ use/depressed　❺ right/moment
❻ overwhelmed　❼ free/concerns

Human Relationships −人間関係−

Chapter 6

チームワーク Teamwork

シナジーを創り出す

自分と違う意見は、ときにはわずらわしいかもしれません。
けれども、自分一人で考えるより、
アイディアを出し合ったほうが
もっといいものが生まれる場合があります。
この章では、チームワークが生み出すシナジーの力を考えます。

1

チームワーク／シナジーを創り出す

　第6の習慣は、「シナジーを創り出す」です。シナジーは「相乗効果」。1＋1＝2では、お互いの100％の力しか出せません。相手と協力することで、1＋1を3もしくはそれ以上にし、自分の100％以上の力を引き出すことができるのです。この「他者と協力してシナジーを創り出す」ことが、「7つの習慣」の真の目的でもあります。

　お互いどこまでの力を引き出せるかは、信頼関係のレベルによって変わります。一番低いレベルは、揚げ足を取られないように言葉を選び、問題が起きたときの予防線を張って逃げ道を作るやり方です。これでは、結果はWin-LoseかLose-Winでしかありません（P.129参照）。

　中間のレベルは、お互いを尊重するコミュニケーションです。面と向かって対立することを避けて深入りせず、自分の立場を守りながら妥協点を見つけて終わりにするのです。深入りしない関係は、シナジーを創り出す環境としてはまだまだです。

　シナジーには、強い信頼関係が必要です。相手の視点を受け入れ、お互いの見方を変えて、当初の予定よりもはるかに上回る結果を模索していくのです。そうすることで、皆がそのシナジーを実感でき、そのプロセスをも楽しむことができるのです。シナジーを創ろうとする気持ちを皆が持つことが大切です。

Chapter 6 シナジーを創り出す

| 企画書、他部署からも
ボコボコにたたかれた…。 | それぞれの立場から、
いろんな課題が出たなあ。 | でも、全部クリアできたら、
すごい企画になるかも！ |

Point

相手と協力して、シナジーを創り出そう。

1. ダメだ、企画が行き詰まった。

Oh, no. The project has reached a deadlock.

> 7つの習慣ではこう考える

2. シナジーは日常的に経験できる。

It's possible to experience synergy on a daily basis.

3. 他者と協力することで、自分の100%以上の力が出せる。

By cooperating with others, I can exert more than 100 percent of my energy.

4. 皆でシナジーを発揮して、より良いものを生み出そうとする姿勢が大切だ。

The important thing is for all of us to strive to produce a better product by using synergy.

TIPS
- ❶ reach a deadlockは「行き詰まる、こう着状態に陥る」という言い方。
- ❷ synergyは「相乗効果、相乗作用」という意味。
- ❸ exertは「(能力などを)発揮する、働かせる」。
- ❹ The important thing is for all of us to strive to produce ... の文は、for＋代名詞の目的格が、to不定詞の意味上の主語になっている構文。to strive to produce ~

Chapter 6 シナジーを創り出す

実践しよう

5. (同僚に)まだ叩きなんだけど、意見を聞かせてもらえないかな。

It is still undecided, so I would appreciate it if you could give me your opinion.

6. (同僚に)なるほど、それは思いつかなかった。このアイディアはどうかな?

I see. I hadn't thought of that. What do you think about this idea?

7. (同僚に)企画が前に進んだ!君に聞いてよかった。

The project has moved forward! I'm glad I asked for your opinion.

TIPS

は「〜を作ろうと努力する」。
❺would appreciate it if you could ~ は「〜していただけるとありがたい」。
❻I hadn't thought of that.は「(今言われるまで)それは考えたことがなかった」という表現。過去完了(had+過去分詞)の形をとっている。
❼move forward で「前進する」。

8. 取引先の担当者が変わったら、対応が事務的になったなあ。

Our new counterpart in that company is rather businesslike compared to his predecessor.

> 7つの習慣ではこう考える

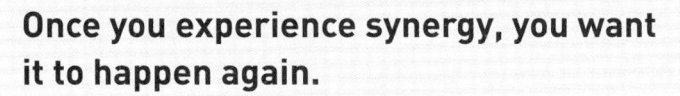

9. 一度シナジーを経験すると、またシナジーを期待してしまう。

Once you experience synergy, you want it to happen again.

10. 過去の成功を再現するのは難しい。

You cannot really recreate past success.

11. シナジーを創ろうとする目的意識は、いつでも持つことができる。

We can always strive to create synergy.

TIPS

❽counterpartは「(異なる組織にいる)同等の人」という語で、「(取引相手・交渉相手などの)担当者」という意味で用いる。businesslikeは「事務的な、能率的な」。否定的なニュアンスを伴う時がある日本語の「ビジネスライク」よりは、肯定的な意味で使われることが多い。predecessorは「前任者」。

Chapter 6 シナジーを創り出す

実践しよう

12. 一から始めて、新しい担当者と信頼関係を築こう。

I'll start from scratch and work on building a trusting relationship with our new counterpart.

13. 相手の強みを知ったことで、共通の目標を抱けそうだ。

Now that I'm aware of his strong points, I can see the possibility of having shared goals.

14. (取引先に)この商品、一緒に最高品質を目指しませんか。

Let us strive to achieve the highest quality possible with this product.

TIPS
⓬ start from scratch は「一から始める、ゼロからスタートする」という言い方。
⓭ aware of ~ は「~に気付いている、承知している」という表現。strong point は「(人の)長所、強み」という意味。
⓮ highest quality は「最高級の品質」。possible は「可能な、実行できる限りの」という形容詞。

15. 家族旅行を予定していた日程に、出張が入ってしまった。仕事か家族か…。

I have to go on a business trip on the same date as our planned family trip. Should I choose work over family?

> 7つの習慣ではこう考える

16. 人生は二者択一ではない。必ず第3の案があるはずだ。

Life isn't a dichotomy. There must be a third option.

17. シナジーのプロセスは、絆を強める。

The process of synergy strengthens bonds.

18. シナジーから生まれる解決策は、PとPCの両方を高めることができる。

A solution that is achieved through synergy can enhance both Production and Production Capability.

TIPS

⑮ business trip は「出張」。choose ~ over … で「…より~を選ぶ」。
⑯ dichotomy は「二分法」。「二者択一」は、an either-or choice という表現も可能。
例) Having a career and family is not an either-or choice.(仕事を持つことと家族を持つことは、二者択一のものではない)
⑰ strengthen は「強化する、強固にする」。bond は「結びつき、絆」。

178 Teamwork –チームワーク–

> Chapter 6 シナジーを創り出す

> 実践しよう

19. あ、出張先の近くに、観光地がある。

Oh, there's a tourist spot near where I have to go on my business trip.

20. 旅行先をここにすれば、仕事が終わったら家族と合流できるな。

If we make this place the destination of our family trip, I could join my family once I finish my job.

21. 家族が一致団結して協力してくれた！かえって絆が深まったな。

The whole family came together and agreed on the destination! This experience has made our bond even stronger.

TIPS
⓲enhanceは「高める、強化する」。「7つの習慣」では、Production（成果）とProduction Capability（成果を生み出す能力）のバランスを取ることが重要だという（p.32参照）。
⓳tourist spotは「観光スポット、観光目的地」。
⓴once ~ は「いったん～すれば、～するとすぐに」という接続詞。

2
違いを尊重する

　シナジーを創り出すためには、まず自分が大切にする価値観をお互いに共有し、信頼関係を築きます。信頼関係が築ければ、より率直に本心を言える機会が増します。相手を思いやり、相手の視点に立って物事を見ることができます。

　シナジーの本質は、違いを尊重することです。自分と同じ物の見方や考え方をする人より、自分と違った見方をする人と模索するほうが、より多くの案が浮かびます。例えば、商品開発の社内会議であれば、営業部、開発部、マーケティング部など、いろいろな立場の人と意見を交換します。それぞれの立場にとっては、自分の意見は正しいかもしれません。けれども、他の立場の人との違いを尊重することで、自分の思い込みや、新しい可能性に気づくことも少なくありません。人の考えに耳を傾け、自分たちが目指すゴールを明確にすれば、シナジーでよりよい第3の案に到達することも可能になるのです。

　シナジーは、自分の頭の中にも創り出すことができます。論理をつかさどる左脳と、感情をつかさどる右脳の両方で考えれば、自分の頭の中でも違った見方をすることができます。論理的に考えることも大事ですが、ときには自分の直感や感性に頼ることも大切です。それが、自分の可能性を広げ、ひいては他者との大きなシナジーにつながっていくのです。

Chapter 6 シナジーを創り出す

> 言いにくいことをどんどん言ってくれるから、助かるな。

> I see your point, but...

> ここ、資料間違ってるよ。こっちのデータ使いなよ。

> 君たち、いいコンビだね。

Point

違いを生かしてシナジーを創り出そう。

1. 開発部はあっちの商品案がいいっていうけど、営業部としては断然こっちなんだけどなあ。

R&D insists on the other product plan, but we in sales prefer this one.

> 7つの習慣ではこう考える

2. 違いを認めることがシナジーの本質だ。

The core of synergy lies in agreeing to disagree.

3. どちらの見方も正しいという柔軟な姿勢が大切だ。

What is important is the flexibility to regard both sides as being right.

4. 違いを尊重して、シナジーを創り出そう。

We can create synergy by respecting our differences.

TIPS
❶ R&D は Research and Development の略で、「研究開発」。sales (department) は「営業(部)」。insist on ~ は「~を主張する」。
❷ core は「(思想などの)主要部、核心部」。lie in ~ は「(手がかり・問題などが)ある」。agree to disagree は「見解の相違を認め合う」という表現。
❸ flexibility は「柔軟性」。regard は「見なす、考える」。

Chapter 6 シナジーを創り出す

実践しよう

5. (開発部に)どうしてあっちの案の方がいいんですか？

Why do you think the other plan is better?

6. (開発部に)なるほど。
その案は、低予算で実現可能なんですね。

I see. The plan can be realized with a lower budget.

7. (開発部に)その案でどう新規顧客を開拓できるか、ブレストしませんか。

Why don't we brainstorm on how we can cultivate new customers with the plan?

TIPS

❼ brainstormは「〜について意見を出し合う、〜についてブレーンストーミング(ブレスト)をする」という動詞。

8. 論理的に物事を考えるタイプとしては、感覚的に物を言う人が理解できない。

As a logical thinker, I can't understand sensory thinkers.

7つの習慣ではこう考える

9. 人生は理屈だけでは成り立たない。

Life isn't all about logic.

10. データや事実だけでなく、イメージや発想力も大事にしよう。

I'll try to value images and the power of ideas, not just data and facts.

11. 右脳と左脳の両方を使って、頭の中にシナジーを創り出そう。

I'll try to use both sides of my brain and create synergy inside my head.

TIPS

❽ logicalは「論理的な」、sensoryは「感覚の」。thinkerは「考え方が〜な人」という意味。

❾ all about 〜 は「〜が全てで、全て〜次第で」。not all about 〜 は「〜が全てではない」という意味になる。

⓫「右脳・左脳」は right/left side of the brain と言う。ここでは both sides of the brain（両方の脳）と言っている。

184 Teamwork −チームワーク−

Chapter 6 シナジーを創り出す

実践しよう

12. いろいろな人と会って、話を聞いてみよう。

I'll go and talk to more people and ask what they have to say.

13. 自分の直感や感性に響くものを書きとめよう。

I'll write down the things that affect me intuitively and emotionally.

14. これとこれ、結びつけたら面白いかも！アイディアをまとめてみよう。

These two might create something very interesting if put together! Let's see if I can come up with an idea.

TIPS
⓭ affect は「〜に影響を与える、〜に響く」。intuitively は「直感的に、本能的に」。emotionally は「感情的に、情緒的に」という意味。
⓮ この if put together は、if (they are) put together の代名詞と be 動詞が省略されている形。

3
対立関係でのシナジー

　シナジーを創り出すといっても、いつも相手と深い信頼関係を築けるとは限りません。取引先と信頼関係は築けなかったが、納品まではこぎつけなければいけない、というようにシナジーに到達できず、かつNo Dealにもできない場合もあるでしょう。しかし、そうした状況でも、**真剣にシナジーを目指す姿勢が大切**です。そうすれば、妥協するにしても、より高い妥協点を見つけることができるはずです。

　その姿勢は、自らの正当性ばかり主張し「勝つか負けるか」の防衛的なコミュニケーションを取ろうとする人に対しても変わりません。相手に、Win-Winの解決策を見つけたいというこちらの意向を粘り強く伝え、まず相手の考えを理解したいことを訴えます。相手が「自分たちの立場を理解してもらえた」と感じれば、相手のかたくなな態度も和らぎ、私たちの言い分にも耳を貸す余裕もでてくるでしょう。

　お互いの立場が理解できると、それぞれが相手に対してかけ離れた期待を抱いていることにも気が付くかもしれません。それから同じ目標を共有し、Win-Winの関係に向かって歩み寄ることを訴えるのです。

　対立関係からWin-Winの関係を目指すのは容易ではありません。しかし、**相手の心を動かすには、第4、第5、第6の習慣を主体的に実践し続けることが大切**なのです。

Chapter 6 シナジーを創り出す

> 何もめてるの?

> 絶対こっちー!

> No, this one!

> どっちがいいか、意見が分かれてまして。

> 意見が違うからこそ、聞く価値があるんだけどなぁ。

Point

対立関係でも、真剣に相手を理解する姿勢を続けよう。

1. 顧客先とトラブった。裁判沙汰は避けたい。

I got into trouble with a customer. We want to avoid being taken to court.

> 7つの習慣ではこう考える

2. Win-Winの解決策を見つけたいと訴えかけてみよう。

I'll try to persuade them that we would like to find a Win/Win solution.

3. 相手が心を許すまで、とにかく「聞く」に徹しよう。

I'll stick to "listening" until they open up to us.

4. 自分の立場も理解してもらい、相手の期待と現実をすり合わせよう。

I'll ask them to understand our position and work to bring their expectations closer to reality.

TIPS
❶ get into trouble with ~ は「(人)とトラブルを起こす」。avoidは「避ける、回避する」。courtは「裁判、公判」。
❷ persuadeは「説得する、促す」。
❸ stick to ~ は「~をやり通す、~し続ける」。
❹ expectationは「期待」。

Chapter 6 シナジーを創り出す

実践しよう

5. (顧客に)「勝つか負けるか」でなく、Win-Winになる解決策を考えませんか。

Instead of "win or lose," could we seek a Win/Win resolution?

6. (顧客に)御社のお考えをもう一度しっかりお聞かせください。

We would like to have the opportunity to hear out your thoughts once again.

7. (顧客に)同時に、弊社の考えをお話しさせていただければと思います。

We'd hope to convey our thoughts at the same time.

TIPS
❺ seekは「(解決策などを)求める、得ようと努力する」。
❻ would like to ~ は「~したい」と希望を述べる表現で、wantよりも丁寧な言い方。
❼ at the same timeは「同時に」という表現。

8. チームリーダーとはいつも意見が対立。このプロジェクトについて、意見を聞きたくないなあ。

My opinion always differs from the team leader's opinion. I don't want to ask for his opinion on this project.

7つの習慣ではこう考える

9. 相手の本心はどうなのか、考えてみよう。

I'll think about what his true intention might be.

10. 自分と違う意見だからこそ聞く価値がある。

Different opinions are worth listening to.

11. 違いを尊重することは、相手を尊重することにもなる。

Respecting the difference in opinions will lead to respecting the other person as well.

TIPS
- ❽ differ from ~ は「~とは異なる」。ask for ~ は「~を求める」という意味。
- ❾ intention は「意図、意向」。
- ⓫ difference in ~ は「~の相違」。lead to ~ は「~(結果)につながる」という言い方。

Chapter 6 シナジーを創り出す

> 実践しよう

12. ひょっとしたら、対抗心を燃やして身構えていたのは、自分の方だったかもしれない。

Perhaps I was the one being competitive and defensive.

13. (リーダーに)もしリーダーなら、このプロジェクトはどう進めますか?

If this were your project, how would you proceed with it?

14. 共感しながら聞くうちに、態度が柔らかくなった!

His attitude softened as I started listening empathetically!

TIPS
⑫perhapsは「もしかすると、ひょっとしたら」。competitiveは「負けず嫌いの、対抗心のある」。defensiveは「身構えた、防衛的な」という意味。
⑭attitudeは「態度」。

Chapter ❻ シナジーを創り出す

❶ 違う意見こそ聞く耳を持つ

DL MP3_55

Wilson: ❶**Phew, that was a pretty** ❷**heated meeting, wasn't it? I thought the project had reached a deadlock** ❸**at one point.**

Ito: **So did I.** ❹**No matter how much market analysis we presented, R&D kept insisting on the other product plan.**

Tanaka: **Our opinion always differs from R&D's. I almost feel like I don't want to ask for their opinion.**

Wilson: ❺**Then again, different opinions are often** ❻**thought-provoking and worth listening to.**

Ito: **You're right. Let's go over the thoughts and concerns raised by R&D, and see if we can come up with a third plan.**

ウィルソン：ふう、なかなか熱の入った会議でしたね。一時は企画が行き詰まったかと思いましたよ。
伊藤：私も。どれだけ市場分析を提示しても、開発部はもう一方の商品案を推していたわね。
田中：開発部とはいつも意見が対立しますね。もう意見を聞きたくない、って思ってしまう時がありますよ。
ウィルソン：逆に、自分と違う意見だからこそ示唆に富みますし、聞く価値があるんですが。
伊藤：その通り。開発部が挙げた考えと懸念事項を見直して、第3の案がないか、考えてみましょう。

【語注】
❶ phew　ふう、はあ　★ほっとしたときや驚いたときに言う間投詞
❷ heated　白熱した、激しい
❸ at one point　一時は
❹ no matter how ~　どんなに〜であろうとも
❺ then again　その反面
❻ thought-provoking　示唆に富む、刺激的な

❷ 信頼関係から生まれるもの

[DL MP3_56]

Tanaka: **I'm happy to report that my counterpart at ABC has set up an opportunity for us to do a presentation to the ❶upper management.**

Ono: **That's great news! I know how hard you've worked to build a trusting relationship with your counterpart.**

Tanaka: **I appreciate the ❷acknowledgement. We had a ❸bumpy start, but once I realized that perhaps I was the one being defensive and started listening empathetically, his attitude softened dramatically.**

Ono: **That is a perfect example of how synergy can be created on a daily basis. Good job.**

田中：ABC社の担当者が、上層部の方々にプレゼンする機会を作ってくれたことを、ご報告します。
小野：すばらしい！ 担当者と、信頼関係を築くのにどれほど尽力したか、よくわかっているよ。
田中：そう言っていただけて、光栄です。スタートこそガタガタしていましたが、もしかして身構えていたのは自分の方かもしれないと気が付いて、共感しながら話を聞くうちに、先方の態度が劇的に柔らかくなったのです。
小野：それはまさに、シナジーは日常的に経験できるという、完璧な例だね。いい仕事をしたね。

【語注】
❶ upper management 上層部、幹部
❷ acknowledgement 認めること、承認
❸ bumpy ガタガタと揺れる、がたつく

Quick Check

本章に出てきたフレーズを復習しましょう。以下の日本語の意味になるよう英文を完成させてください。答えはページの下にあります。

❶ ダメだ、企画が行き詰まった。 ➡P.174
Oh, no. The project has reached a (　　　).

❷ 相手の強みを知ったことで、共通の目標を抱けそうだ。 ➡P.177
Now that I'm aware of his (　　　)(　　　), I can see the possibility of having shared goals.

❸ 人生は二者択一ではない。必ず第3の案があるはずだ。 ➡P.178
Life isn't a (　　　). There must be a third option.

❹ 違いを認めることがシナジーの本質だ。 ➡P.182
The core of synergy lies in (　　　) to (　　　).

❺ 人生は理屈だけでは成り立たない。 ➡P.184
Life isn't (　　　)(　　　) logic.

❻ 自分の直感や感性に響くものを書きとめよう。 ➡P.185
I'll write down the things that affect me (　　　) and (　　　).

❼ 御社のお考えをもう一度しっかりお聞かせください。 ➡P.189
We would like to have the opportunity to (　　　)(　　　) your thoughts once again.

❽ 相手の本心はどうなのか、考えてみよう。 ➡P.190
I'll think about what his (　　　)(　　　) might be.

---

❶ deadlock　❷ strong/points　❸ dichotomy　❹ agreeing/disagree　❺ all/about
❻ intuitively/emotionally　❼ hear/out　❽ true/intention

Chapter 7

夜・週末　Evenings and Weekends

刃を研ぐ

空いた時間をどのように過ごそうか…。
余暇は日頃の行いを見直し、
「自分磨き」をするいいチャンスです。
「7つの習慣」をより効果的にするための
習慣を、自分のものにしていきましょう。

1

自分を磨く４つの側面

　第７の習慣は「刃を研ぐ」、つまり自分を磨く習慣です。ここまでの６つの習慣をより効果的に実践するためには、自分自身のメンテナンスも大切です。

　「自分磨き」は、４つの側面に分けられます（右図）。１つ目の側面は「肉体」を磨くことです。運動をし、バランスのよい食事を取り、ストレス管理をきちんとします。２つ目は「精神」を磨くことです。これは、心を静めて自分自身と向き合う時間を作ることです。ヨガなどで瞑想して心の声を聞いたり、自然と触れ合ったりして、リフレッシュするのもいいでしょう。３つ目は、「知性」を磨くことです。読書も良い習慣ですが、スケジュールを立てたり、何かを企画して目標に到達するプロセスを考えたりすることも、知性を磨きます。この３つの側面は、第１、第２、第３の習慣をさらに効果的にします。そして第４の側面は、「社会・情緒」を磨くことです。これは、いうなれば「良い人間関係を目指すこと」です。社会性を磨き、情緒を安定させることが、第４、第５、第６の習慣をさらに効果的にするのです。

　１つの側面を伸ばせば、他の側面にもいい影響を与えます。肉体の健康は精神の健康に影響し、精神力は、社会・情緒的な強さに影響します。自分磨きの時間を作り、４つの側面をバランスよく伸ばしましょう。

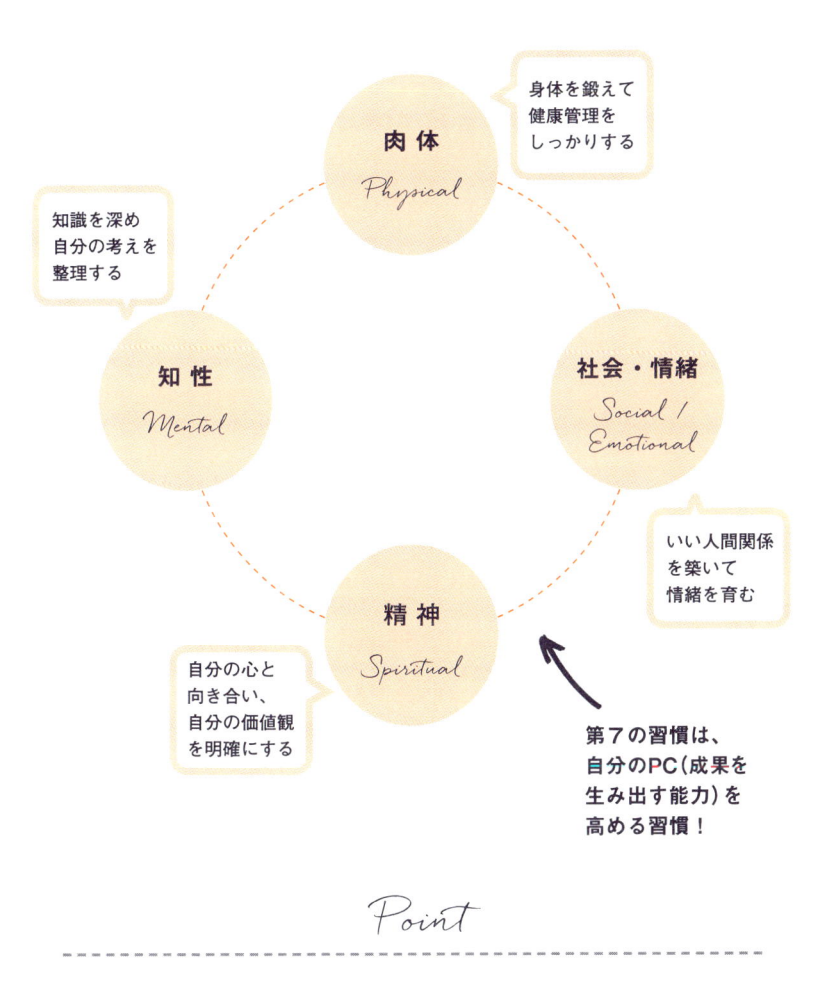

Chapter 7 刃を研ぐ

肉 体
Physical

身体を鍛えて健康管理をしっかりする

知 性
Mental

知識を深め自分の考えを整理する

社会・情緒
Social / Emotional

いい人間関係を築いて情緒を育む

精 神
Spiritual

自分の心と向き合い、自分の価値観を明確にする

第7の習慣は、自分のPC（成果を生み出す能力）を高める習慣！

Point

4つの側面をバランスよく伸ばそう。

---

1. 週末も仕事。肩こりも直らないし、仕事のプレッシャーも減らない。

I've been working on weekends. My shoulders are constantly stiff, and the pressure of work is not diminishing at all.

> 7つの習慣ではこう考える

2. 体の健康は、仕事の能率にも影響する。

Physical health can affect work performance.

3. 心にゆとりがあれば、人ともっと深く関わることができる。

I would be able to interact better with people if my mind was at ease.

4. 一つの側面を伸ばせば、他の側面にもいい影響を与える。

Expanding one aspect will have a positive effect on other aspects.

TIPS
❶one's shoulders are stiff で「肩が凝る」。constantは「いつも、常に」。diminish は「減少する、縮小する」という動詞。
❷physical health は「体の健康」。work performance は「仕事の能率、職務遂行能力」という意味。
❸interact with ~ は「~と交流する、~と関係を持つ」。ここでのmindは「心、精神」

Chapter 7 刃を研ぐ

実践しよう

5. 今日は、ちょっと仕事から離れて、体を動かそう。

I'll take a little time off from work today and exercise.

6. ヨガのおかげで、肩こりが良くなったし、気持ちもリラックスする。

Thanks to a little yoga, my shoulders are no longer stiff, and I feel more relaxed.

7. 頭がすっきりしてきたぞ。また頑張れそうだ。

My mind is clearing. I'm ready to get back on track.

TIPS

という意味。at ease は「打ち解けて、リラックスして」。
❹ aspect は「側面」。have a positive effect on で「〜にいい影響を与える」。
❺ take time off from 〜 は「〜を一休みする」という言い方。
❻ no longer 〜 は「もはや〜ではない」。
❼ got back on track で「再び軌道に乗る、正しい方向に戻る」という言い方。

8. ネットニュースばかりで、全然本を読まなくなったなあ。

I only read news on the Internet, and I hardly ever read books anymore.

> 7つの習慣ではこう考える

9. 知識を広げて、自分自身を客観的に見つめることはとても大切だ。

It's so important to expand my knowledge and try to look at myself objectively.

10. 自分の考えを整理して、視野を広げるいいきっかけになる。

It helps me organize my thoughts and expand my outlook.

11. 偏った見方をしないで、いろいろな考え方に触れよう。

I'll get in touch with many ways of thinking and not be stuck in one way of looking at things.

TIPS
- ❽hardly ever ~ は「ほとんど~ない、めったに~しない」という言い方。
- ❿organize one's thoughts で「頭の中を整理する、自分の考えをまとめる」という表現。outlook は「見解、物の見方」。
- ⓫get in touch with ~ は「~に触れる、~に接触する」。(be) stuck in ~ は「~に留まる」という言い方。

Chapter 7 刃を研ぐ

実践しよう

12. よし、1カ月に3冊のペースで読書をするぞ。

All right, I'll read three books a month.

13. 読書で知識を掘り下げよう。

I'll deepen my knowledge by reading.

14. ネットの断片的な情報が、頭の中で整理できてきたぞ。

All the bits and pieces of information on the Web are starting to become organized in my head.

TIPS
⓮bits and pieces of ~ は「こまごまとした~、数々の~」。「断片的な情報」はfragmented informationやpatchy informationなどと言うこともできる。

15. 友達と気まずくなったまま、連絡していない。

I fell out with a friend and I haven't contacted her for a while.

> 7つの習慣ではこう考える

16. 社会性は、普段の生活で磨くことができる。

It's possible to brush up on social skills in everyday life.

17. 心が乱れたら、自分の価値観を思い起こそう。

I'll get back to my core values when I doubt myself.

18. 第4、第5、第6の習慣を実践しよう。

I'll put the fourth, fifth and sixth habits into action.

TIPS
⓯ fall out with ~ は「(人)とけんかする、不仲になる」という言い方。contactは「~に連絡する」という動詞。
⓰ brush up on ~ は「~を復習する、~を磨き直す」。social skillは「社会的技能、社交術」という意味。
⓱ core valuesは「基本的価値観、本質的価値」。

Chapter 7 刃を研ぐ

> 実践しよう

19. 自分にとっては大事な友達だからなあ。

She's an important friend to me.

20. 結果はどうであれ、謝ることだけはしておこう。

I'll apologize no matter what the outcome.

21. (友達に)あのときは言い過ぎちゃってごめん。良かったら思ってること、話してくれないかな？

I crossed the line the other day, and I am sorry. Would you mind sharing your thoughts with me?

TIPS

⑲ put ~ into action で「~を行動に移す、~を実行に移す」という表現。
⑳ no matter what ~ は「たとえどんな~であろうと」。outcome は「結果、結末」という意味。
㉑ cross a line は「(越えるべきではない)一線を越える」。「言い過ぎた」は I was out of line. や I've said too much. などとも言える。

2

組織における４つの側面

　４つの側面を磨くことは、組織にも当てはめることができます（右図）。１つ目の「肉体的側面」は、経済性です。つまり利益を上げていくことです。２つ目の「精神的側面」は、組織のミッションを明確にすることです。組織の目的や社会的役割を通して、組織の存在意義を見直します。３つ目の「知的側面」は、人材開発です。人材を発掘して能力を開発し、有効に活用します。そして４つ目の「社会・情緒的側面」は、人間関係です。組織で言えば、社内外の人間関係やスタッフの処遇です。

　組織においては、「肉体的側面」である利益ばかりを追い求め、他の３つの側面がおろそかになっているケースが少なくありません。そのような企業では往々にして、政治的な駆け引きや建前だけのコミュニケーションといったネガティブなシナジーが創り出されています。確かに、利益がなければ、組織としての効果性を発揮することは難しいかもしれません。けれども、組織の存在意義は利益だけではありません。

　組織においても、大切なのは４つの側面をバランスよく磨いていくことです。そのためには、ミッション・ステートメントが有効です。４つの側面すべてを企業のミッション・ステートメントに盛り込み、社内で実践すれば、バランスよく企業の成長を促進できます。

Chapter 7 刃を研ぐ

第7の習慣の4つの側面を組織に当てはめると…

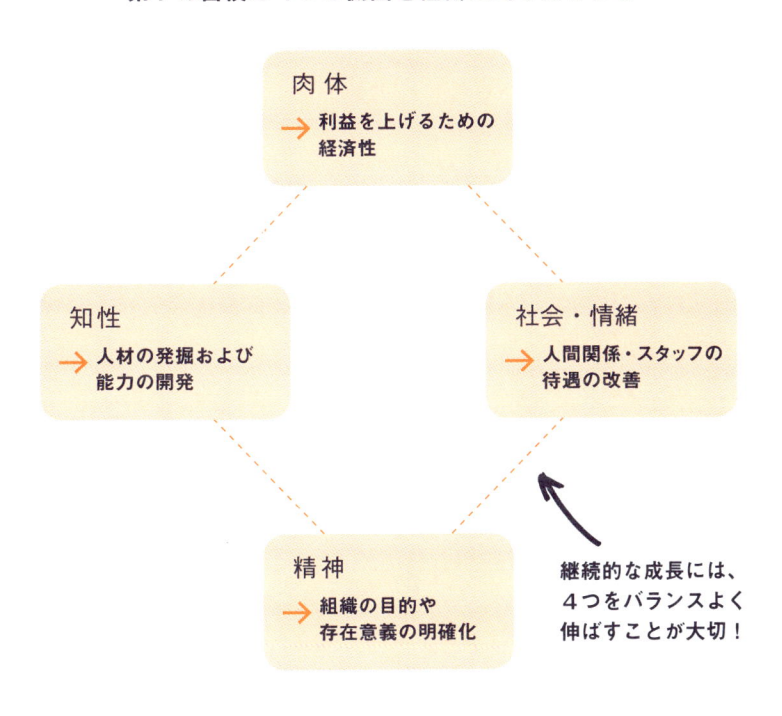

肉体
→ 利益を上げるための経済性

知性
→ 人材の発掘および能力の開発

社会・情緒
→ 人間関係・スタッフの待遇の改善

精神
→ 組織の目的や存在意義の明確化

継続的な成長には、4つをバランスよく伸ばすことが大切！

Point

4つの側面を、企業の
ミッションステートメントに盛り込もう。

1. うちの部署、人の入れ替わりが激しいんだよね。

Our department has a high employee turnover.

> 7つの習慣ではこう考える

2. 利益にしか目を向けない組織は少なくない。

Many organizations only focus on profits.

3. 組織の存在意義は利益を上げることだけではない。

The raison d'être of an organization doesn't have to be limited to making a profit.

4. 高いサービス水準と良い人間関係は、どちらも組織の成長に不可欠だ。

High-quality service and good personal relationships are both essential to the growth of an organization.

TIPS
❶ employee turnover は「従業員退職率」。have a high employee turnover で「従業員の入れ替わりが激しい」という表現になる。
❸ raison d'être は英語の語彙に取り入れられているフランス語の1つで、「存在理由、レゾンデートル」。raise profits で「利益を向上させる」。
❹ high-quality は「高品質の、上質の」。essential は「絶対必要な、必要不可欠な」と

Chapter 7 刃を研ぐ

> 実践しよう

5. 研修もなしにクレーム対応ばかりじゃ、辞めたくなるかも。

Being assigned to complaints handling with no training would make anyone want to quit.

6. （上司に）社員を育てるには、もっときちんとした社員研修が必要かもしれません。

We might need a more thorough employee-training program to nurture our employees.

7. （上司に）新人が安心して働けるよう、チームでフォローする仕組みがあるといいと思います。

I think it would be good if we had a system where a group of people support the newer employees.

TIPS

いう意味の形容詞。

❺ (be) assigned to ~ は「~に配属される、~に割り当てられる」。complaints handling で「苦情処理、クレーム対応」。quit は「(仕事を)辞める」。

❻ thorough は「綿密な、徹底的な」という意味の形容詞。nurture は「育てる」。

8. うちの会社、このままで大丈夫なのだろうか。

I worry about the future of our company.

> 7つの習慣ではこう考える

9. 社会に貢献しながら利益をあげるのは容易ではない。

It's not easy to make a profit while contributing to society.

10. けれども、努力を怠っていたら、組織の成長を妨げてしまう。

However, if such efforts are neglected, the growth of an organization will be halted.

11. 組織のミッション・ステートメントを共有して、バランスのとれた成長の枠組みを作ろう。

We'll share the organization's mission statement so we can create a framework for balanced growth.

TIPS
- ❽ worry about ~ は「~に関して心配する」。future は「未来、将来」。
- ❾ make a profit は「利益を生む、利益を得る」。
- ❿ ここでの neglect は「軽視する、なおざりにする」。halt は「中断させる、停止させる」。
- ⓫ framework は「枠組み」。balanced は「バランスのとれた、均衡のとれた」。

Chapter 7 刃を研ぐ

実践しよう

12. 会社のビジョンをもう一度思い起こしてみようかな。

I should remind myself of what the company's vision is.

13. 自分たちって、どれだけビジョンを意識してるのかな。

I wonder how much we're aware of our vision.

14. 上司や同僚とも、会社の将来について話し合ってみようかな。

I could discuss the future of our company with my superiors and colleagues.

TIPS
⑫ remind oneself of ~ で「~を自覚する」という表現になる。
⑬ (be) aware of ~ は「~を承知している、~を自覚する」。
⑭ superiorは「上司」。会話の中では、一般的にbossやsupervisorなどと言うことが多い。superiorに対する「部下」はsubordinate。なお、「幹部、首脳陣」はexecutiveやhigher-upなどと言う。

3

「7つの習慣」のシナジー

　「7つの習慣」も、1つの習慣を実践すると、他の6つの習慣を実践する力が強まります。主体的に行動するほど（第1の習慣）、人生のゴールを思い描き自分を導いていくリーダーシップの力がつき（第2の習慣）、さらにそのためのセルフ・マネジメントの力（第3の習慣）も上がります。まず相手を理解することに徹すれば（第5の習慣）、Win-Winの解決策を模索し（第4の習慣）、シナジーを創り出して（第6の習慣）、よりよい結果を導き出すことが可能になります。自立のための習慣（第1、第2、第3の習慣）が一つでも身につけば、人間関係を育む習慣（第4、第5、第6の習慣）を効果的に実践できるようになります。そして第7の習慣は、残りの習慣をより効果的にします。

　第7の習慣で自分に磨きをかけながら6つの習慣を実践していくことは、成長という螺旋階段を上ることに似ています。上り続けるのは決して楽ではありません。そんなとき、力になるのが「良心」です。自分の良心に誠実に生きることが、階段を上り続ける原動力になります。

　人生は、日々の小さな心がけで変わります。思い込みや偏った見方を改め、まず自分が変わる「インサイド・アウト」の生き方は、あなたの人生を、あなたが本当に求める人生に変えていきます。それが、あなたを真の成功に導き、周囲に幸せをもたらすのです。

Chapter 7 　刃を研ぐ

| アレックスが帰国して1週間—— |

田中くんも隣が空いて、
さびしいんじゃないの？

いえ、今度は僕が
アメリカに行くつもりなんで。

お、海外出張？
田中くんも変わったなあ。

まずは「自分が変わる」、
ですから！

Point

相乗効果を意識して、
「7つの習慣」を実践しよう。

1. 毎日残業を押し付けられて、自分の時間がない。

I'm asked to work overtime every day. I have no time for myself.

7つの習慣ではこう考える

2. 主体的に行動して、本当にやりたい人生を思い描いてみよう。

I'll be proactive and imagine the life that I truly want to live.

3. 自分が何に時間を使うべきか、考えてみよう。

I'll think about what I should spend my time on.

4. 時間を見つけて、自分に磨きをかけよう。

I'll make the time to sharpen my sword.

TIPS

❶(be) asked to ~ で「~することが求められる、~するよう頼まれる」。「残業する」はwork overtimeと言う。

❹sharpen one's swordとは「刀を研ぐ」という意味。これは「第7の習慣」のことで、「自分を磨く」という意味で使われている(p.196参照)。

Chapter 7 刃を研ぐ

実践しよう

5. いつか自分が手掛けた商品を成功させたいなあ。

I want to make my own successful product one day.

6. 時間の使い方を見直して、ゆとりを持とう。

I'll reevaluate how I spend my time to create some leeway.

7. 空いた時間に業界誌を読んで、市場の動きをチェックしようかな。

I'll check the movement of the market by reading trade journals during my spare time.

TIPS

❻ reevaluate は「再び価値を考える、見直す」という動詞。leeway は「(時間・活動などの)余地、余裕、ゆとり」という意味。
❼ trade journal は「業界誌」。

8. チームで飲み会しても、会社の不満ばっかりなんだよね。

Whenever our team goes out for a drink, we always complain about our company.

> 7つの習慣ではこう考える

9. 不満ばかり言っても何も変わらない。

Complaining won't change anything.

10. 本当に主体的な人間になりたいなら、良心を忘れてはいけないな。

You cannot forget your conscience if you really want to become a proactive person.

11. 自分の心に誠実に生きよう。

I'll be true to my heart.

TIPS

❽ whenever は「〜するときはいつでも」という接続詞。complain は「不満を言う」。ほかにも bad-mouth（悪口を言う）という口語表現がある。例）It's not wise to bad-mouth your own company.（自分の会社の悪口を言うのは賢明ではない）
❿ conscience は「良心、自制心、誠実さ」という意味。
⓫ (be) true to 〜 は「〜に忠実である」という言い方。

Chapter 7 刃を研ぐ

実践しよう

12. （同僚に）自分たちっていつも同じ不満ばかり言っているよね。

We always complain about the same things.

13. （同僚に）とりあえず、何ができるかみんなで考えてみない？

Why don't we think about what we can do?

14. みんなで協力したら、何かできるかも。

Perhaps we could do something if we worked together.

⓮ Perhaps we could ~. は丁寧に提案する言い方。

TIPS

15. いつか海外とのビジネスをこなせるようになりたいな。

I want to be able to handle overseas business someday.

7つの習慣ではこう考える

16. 緊急ではないけれど重要なことに時間を割いて、インサイド・アウトのアプローチをしよう。

I'll spend more time on matters that are not urgent but important, and take the inside-out approach.

17. 知識を増やして視野を広げ、スキルを高めよう。

I'll try to increase my knowledge, broaden my outlook and improve my skills.

18. 人脈を生かして、社会性を磨こう。

I'll try to make the best of my personal connections and enhance my sociability.

TIPS
⓯handle は「(仕事などを)担当する、運営する」という言い方。overseas は「海外の、外国の」という形容詞。
⓱make the best of ~ は「~を最大限に活用する」。personal connection は「人間関係、人脈」。enhance は「(能力などを)高める」。sociability は「社会性」。

Chapter 7 刃を研ぐ

> 実践しよう

19. アメリカから来た同僚に、海外のビジネス事情を聞いてみよう。

I'll ask a colleague from the U.S. about the overseas business situations.

20. 英語をブラッシュアップしておこう。

I'll brush up on my English.

21. 自分の力で、海外市場の動向をリサーチできるようになったぞ。

Now I'm able to research overseas market trends on my own.

TIPS

⑲situationは「状況」。「ビジネス事情」はbusiness circumstancesと言うこともできる。
⑳brush upは「勉強し直す、学び直す」。
㉑researchは「調査する」。market trendsで「市場動向」という意味。on one's ownは「自分自身で」という言い方。

Chapter ❼ 刃を研ぐ

❶ 知性を磨く

`DL MP3_63`

Tanaka: **What are you reading?**

Wilson: **It's the latest bestseller by the ❶economist who won the Nobel Prize last year.**

Tanaka: **I think I've heard about it somewhere. I only read news on the Internet nowadays, and I hardly ever read books anymore.**

Wilson: **❷Surfing the Web is fun, but reading books helps me organize my thoughts and expand my outlook.**

Tanaka: **Hmm. This conversation has made me think about what I should be spending my time on. Thanks.**

Wilson: **❸Anytime!**

田中：何読んでるの?
アレックス：昨年ノーベル賞を受賞した経済学者の、最新ベストセラーですよ。
田中：どこかで聞いたことがあるような気がする。最近、ネットニュースばかりで全然本を読まなくなったなあ。
ウィルソン：ネットサーフィンをするのは楽しいけれど、読書は自分の考えを整理して、視野を広げるいいきっかけになりますからね。
田中：うーん。この会話で、自分が何に時間を費やすべきかを考えさせられたよ。ありがとう。
ウィルソン：どういたしまして!

【語注】
❶economist 経済学者
❷surf the Web インターネットをする、ウェブを見て回る
❸anytime (お礼に対する返答として)どう致しまして

Evenings and Weekends −夜・週末−

❷ 自分磨きの相乗効果

`DL MP3_64`

Ono: **That was a great presentation, Tanaka-san.**

Tanaka: **Thank you very much. It was a team effort.**

Ito: **You do seem more ❶energetic and proactive than before. What's your secret?**

Tanaka: **I've been riding my bike to work recently. Thanks to a little exercise, my shoulders are no longer stiff and I feel more ❷invigorated. Physical health actually does affect work performance.**

Ono: **You're right. I always think that body, mind, heart and spirit are the four dimensions of human nature. Expanding one of them is ❸bound to have a positive effect on the others.**

小野:とてもいいプレゼンだったよ、田中さん。
田中:ありがとうございます。チームの力です。
伊藤:確かに以前よりエネルギッシュだし、積極的よね。何か秘訣はあるの?
田中:最近自転車通勤をしているんです。運動のおかげで肩こりが良くなったし、元気になった気がします。体の健康が仕事の能率にも影響するのを実感しています。
小野:その通り。僕は肉体、知性、情緒、精神が人間の4つの側面だということを、常に意識しているよ。そのうちの1つを伸ばせば、必然的に他の側面にもいい影響を与えるからね。

【語注】
❶energetic 精力的な、エネルギッシュな
❷invigorated エネルギーが回復した、元気づける
❸(be) bound to ~ 必ず~なる

Quick Check

本章に出てきたフレーズを復習しましょう。以下の日本語の意味になるよう英文を完成させてください。答えはページの下にあります。

❶ 今日は、ちょっと仕事から離れて、体を動かそう。 ➡P.199
I'll take a little (　　　)(　　　) from work today and exercise.

❷ ネットの断片的な情報が、頭の中で整理できてきたぞ。 ➡P.201
All the (　　　) and (　　　) of information on the Web are starting to become organized in my head.

❸ 結果はどうであれ、謝ることだけはしておこう。 ➡P.203
I'll apologize (　　　)(　　　) what the (　　　).

❹ あのときは言い過ぎちゃってごめん。 ➡P.203
I (　　　) the (　　　) the other day, and I am sorry.

❺ うちの部署、人の入れ替わりが激しいんだよね。 ➡P.206
Our department has a high (　　　)(　　　).

❻ うちの会社、このままで大丈夫なのだろうか。 ➡P.208
I (　　　) about the (　　　) of our company.

❼ 時間の使い方を見直して、ゆとりを持とう。 ➡P.213
I'll reevaluate how I spend my time to (　　　) some (　　　).

---

❶ time/off　❷ bits/pieces　❸ no/matter/outcome　❹ crossed/line　❺ employee/turnover
❻ worry/future　❼ create/leeway

知っておきたい「7つの習慣」用語集 *Keywords*

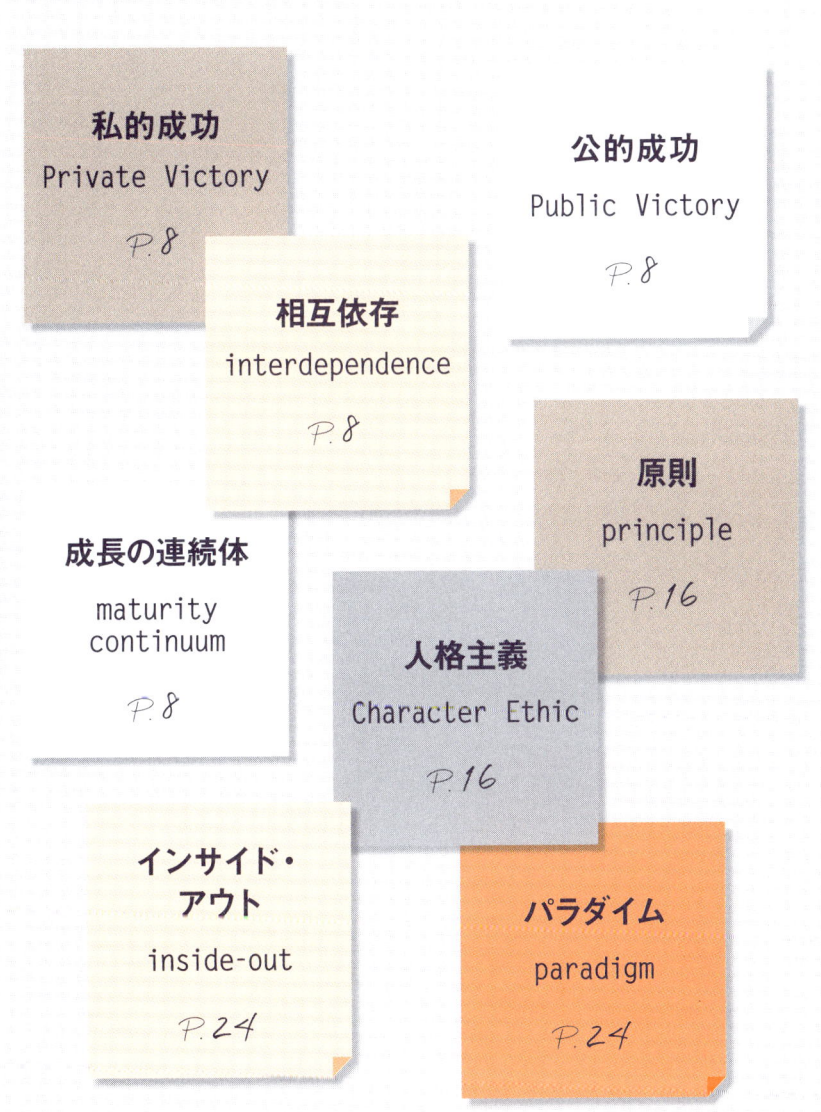

本書に登場したキーワードをご紹介します。

私的成功
Private Victory
P.8

公的成功
Public Victory
P.8

相互依存
interdependence
P.8

成長の連続体
maturity continuum
P.8

原則
principle
P.16

人格主義
Character Ethic
P.16

インサイド・アウト
inside-out
P.24

パラダイム
paradigm
P.24

P/PC バランス

P/PC Balance;
P = production,
PC = production capability

P.32

関心の輪

Circle of Concern

P.56

第1の習慣
（主体的になる）

Habit 1
(Be Proactive)

P.41

影響の輪

Circle of Influence

P.56

ミッション・ステートメント

mission statements

P.84

第2の習慣
（終わりを思い描くことから始める）

Habit 2
(Begin with the End in Mind)

P.67

第3の習慣
（最優先事項を優先する）

Habit 3
(Put First Things First)

P.93

第II領域

Quadrant II

P.94

デリゲーション
delegation

P.108

信頼口座
Emotional Bank Account

P.120

第4の習慣
（Win-Winを考える）

Habit 4
(Think Win/Win)

P.119

第6の習慣
（シナジーを創り出す）

Habit 6
(Synergize)

P.171

Win-Win
Win/Win

P.128

第5の習慣
（まず理解に徹し、
そして理解される）

Habit 5
(Seek First to Understand,
Then to Be Understood)

P.145

シナジー
synergy

P.172

第7の習慣
（刃を研ぐ）

Habit 7
(Sharpen the Saw)

P.195

起きてから寝るまで 英語で「7つの習慣」

監修／フランクリン・コヴィー・ジャパン　Franklin Covey Japan Co., Ltd
スティーブン・R・コヴィーの提唱するリーダーシップ論「7つの習慣」をベースとしたセミナーや研修を、企業や個人に提供。リーダーシップ能力やコミュニケーション能力、生産性、パフォーマンス向上のためのトレーニングなどを展開している。
http//www.franklincovey.co.jp/

英文作成、英文解説／春日聡子　Satoko Kasuga
東京大学文学部社会学科卒。ロンドン大学UCLにて英語学修士号を取得。都市銀行勤務、出版社勤務を経て、英語教材の執筆、翻訳、編集に携わる。著書に『英会話壁打ちトレーニング[基礎編]』、編集協力に「起きてから寝るまで子育て表現600」シリーズ（いずれもアルク刊）がある。

発行日：2016年4月14日（初版）

企画・編集：株式会社アルク　英語出版編集部
監修：フランクリン・コヴィー・ジャパン
英文作成・英文解説：春日聡子
日本語フレーズ作成・編集協力：市川順子
英文校正：Margaret Stalker、Peter Branscombe

AD・デザイン：遠藤　紅（Concent, Inc.）
イラスト：加納徳博

ナレーション：Bill Sullivan、Janica Southwick、高橋大輔
録音・編集：有限会社ログスタジオ
CDプレス：株式会社ソニー・ミュージック コミュニケーションズ

DTP：新井田晃彦(有限会社共同制作社)、鳴島亮介
印刷・製本：凸版印刷株式会社

発行人：平本照麿
発行所：株式会社アルク
〒168-8611　東京都杉並区永福2-54-12
TEL：03-3327-1101
FAX：03-3327-1300
E-mail：csss@alc.co.jp
Website：http://www.alc.co.jp/
製品サポート：http://www.alc.co.jp/usersupport/

地球人ネットワークを創る
アルクのシンボル「地球人マーク」です。

・落丁本、乱丁本は弊社にてお取り替えいたしております。
　アルクお客様センター（電話：03-3327-1101　受付時間：平日9時〜17時）までご相談ください。
・本書の全部または一部の無断転載を禁じます。
・著作権法上で認められた場合を除いて、本書からのコピーを禁じます。
・定価はカバーに表示してあります。

©2016 Franklin Covey Japan Co., Ltd／Tokuhiro Kano／ALC PRESS INC.
Printed in Japan.　PC：7016028　ISBN：978-4-7574-2807-2